Dipl.-Psychologe **Jürgen Gündel**, Psychologischer Psychotherapeut, Lehrender Transaktionsanalytiker, Gründungsmitglied der Gesellschaft für Enneagrammstudien/ EnneagrammWorks, Gründungsvorsitzender des EnneagrammlehrerInnenvereins EMT und Mitglied der Leitungsteams des Enneagramm Professional Trainings im deutschsprachigen Raum.

Jürgen Gündel

Das Enneagramm

Neun Weisen, die Welt zu sehen
Neun Typen der Persönlichkeit

Erfolgreiche Lebensbewältigung
nach dem altüberlieferten System der Selbsterkenntnis

Für meine Frau Ariane,
für meine Eltern
und für Arlene Moore

INHALT

VORWORT

Es gibt auf dem Medienmarkt ausgesprochen viel Literatur über das Enneagramm, und ich bin sicherlich weder der erste noch der letzte, der etwas zur Darstellung des Systems beiträgt. Jedoch sollte jeder Autor die Kette derjenigen ehren, die vor ihm eine Tradition geschaffen haben, in der er jetzt steht und lehrt. Außer den ungenannten Menschen, die das Symbol des Enneagramms und dessen unterschiedliche Inhalte offenbar über Jahrhunderte und Jahrtausende transportiert haben, ist insbesondere G. I. Gurdjieff und Oscar Ichazo für die Übersetzung des Systems in die Neuzeit zu danken; Claudio Naranjo für die zeitgenössisch-psychologische Füllung des Systems; Helen Palmer für ihre demokratisierte Form der mündlichen Weitergabe des Enneagramms, in deren Tradition der Autor und dieses Buch sich befinden.

Alle Interviewpartner in diesem Buch stehen in der mündlichen Tradition nach Helen Palmer und David Daniels und werden uns später, dieser Tradition folgend, als Experten ihres eigenen Typus über sich und ihre Funktionsweise im Leben berichten sowie Ratschläge und Entwicklungshinweise für Menschen ihres eigenen Typus geben. Das Prinzip der mündlichen Tradition habe ich somit versucht, in die Schriftform zu übertragen: nicht der Lehrer transportiert das Wissen, sondern die Menschen selbst, wenn sie einander mündlich als Experten über ihren eigenen Typus Auskunft geben. Denjenigen Seminarteilnehmern, die mir auf diese Weise Gelegenheit gaben, von ihnen zu lernen, sowie denjenigen, die nun ihr Wissen über sich selbst der Leserschaft zur Verfügung stellen, sei ebenfalls herzlich gedankt, insbesondere Barbara Oschwald-Häg, Beate Stephan, Renate Hering, Bernhard Linnen; Norbert Häg und Arlene Moore. Außerdem Marie-Louise Pachmann-Priller für die »Anbahnung« des ursprünglichen Verlagskontaktes bei Heyne. In der Neuauflage Daniel Pfister, ohne dessen beherztes Vorangehen ich immer noch im Stadium des „wir könnten eigentlich mal neu auflegen" verblieben wäre.

Wenn Sie bereits Erfahrung in der Enneagrammarbeit haben, werden Sie am meisten davon profitieren, zunächst nur die Interviews der neun Typen zu lesen. Menschen, die sich hier jedoch zum ersten Mal mit dem Enneagramm beschäftigen, studieren am besten die Theorie vor oder parallel zur Lektüre einzelner Interviews. Sie profitieren am meisten, wenn sie das Buch »vor und zurück« lesen.

Mannheim, 15.03.2008, Jürgen Gündel

Im Text wurde aus Gründen der Lesbarkeit auf Paarformen wie »Experte/Expertin« und auf Kunstformen wie »SeminarteilnehmerInnen« verzichtet. Grammatikalisch männliche Formen bezeichnen stets Frauen und Männer.

Teil I

DAS ENNEAGRAMM: DAS MENSCHENBILD, DER HINTERGRUND

Neulich war ich in einem osteuropäischen Land, das ich noch niemals zuvor besucht hatte. Für mich ein etwas seltsames Gefühl. »Guten Tag« kann ich gerade noch sagen in der Landessprache, aber das ist auch schon alles. Einige der Sitten und Gebräuche dort sind anders als bei uns. Ich weiß jedoch nicht, welche davon denen hierzulande ähneln und welche anders sind.

Eigentlich ist das eine begünstigte Position. Ich weiß, dass ich vom Land nichts weiß. Ich muss fragen, mich behutsam umschauen. Wie geht das, in diesem Land? Wie begrüßt man sich dort? Wie spricht man Leute an? Wie verhält man sich als Gast? Wo verletzt man Menschen, ohne es zu beabsichtigen, in Bezug auf politische, religiöse oder moralische Themen? Ich weiß, dass ich nichts weiß, ein begünstigte Position, weil es in mir eine Haltung der Neugier, des Fragenmüssens, des Lernen Wollens erzeugt: Wer seid ihr? Wer bist du? Wie funktioniert ihr in eurer Welt? Was wir bei Besuchen anderer Länder oft noch wissen - ich weiß, dass ich von euch nichts weiß - haben wir auf dem Gebiet unserer unterschiedlichen Persönlichkeiten offenbar vergessen. O ja, so beteuern viele, Menschen sind Individuen, keiner ist wie der andere, aber dann machen sie durch ihr Verhalten deutlich: »Jeder sollte eigentlich so sein wie ich. Sieht nicht jeder die Welt so, wie ich sie sehe? Würde nicht jeder so fühlen und sich so verhalten wie ich? Und wenn es ein Problem gibt, dann musst folgerichtig ja auch du die Ursache dafür sein, nicht ich, nicht unsere Unterschiedlichkeit. Ich brauche mich nicht in Frage zu stellen, mich nicht zu verändern, weil ich ja normal bin, und wenn du dich nur ein kleines bisschen ändern würdest, kannst du vielleicht auch noch so werden wie ich, und unsere Beziehung würde glücklicher.« An diesem Punkt setzt das Enneagramm ein. Es lehrt uns, die Ähnlichkeit der Menschen dort zu achten, wo wir ähnlich sind, und unsere Unterschiedlichkeit da zu respektieren, wo wir unterschiedlich sind. Selten habe ich Menschen getroffen, die so erfüllt waren von respektvoll-neugierigen Fragen (»Wer bist du, und wie bist du anders als ich? Kannst du mir deine Welt erklären, weil ich sie nicht ganz verstehe? Wie kann ich von dir lernen«?) wie diejenigen Menschen, die sich ernsthaft und nicht im Sinne einer Zuckerwürfelpsychologie (»Der Zwilling

ist flatterhaft, intelligent und neugierig«) mit dem Enneagrammsystem auseinandergesetzt haben.
Dies ist der Hintergrund, auf dem ich das Enneagramm weitervermitteln möchte.

WAS IST DAS ENNEAGRAMM?

Das Enneagramm in der hier dargestellten Form ist ein psychologisches und ein spirituelles Lehrsystem.

DAS ENNEAGRAMM ALS PSYCHOLOGISCHES SYSTEM

In seinem psychologischen Aspekt beschreibt das Enneagramm neun menschliche Grundmuster der Psyche, neun Formen, in der Welt zu sein, neun Typen von Persönlichkeit. Keiner ist besser oder schlechter als ein anderer, aber sie unterscheiden sich radikal. Radikal heißt: bis in die tiefste Basis ihrer Weltsicht, ihrer Art und Weise, in der Welt zu sein, und in ihrer jeweiligen Welt zu denken, zu fühlen und zu handeln. Diese Unterschiedlichkeit, so scheint es mir nach langem Studium, ist so groß, dass buchstäblich keiner vom anderen weiß, was ihn in der Tiefe bewegt und zusammenhält, wie er »tickt«.

Natürlich haben wir auch Gemeinsamkeiten. In gewisser Weise sind wir alle ähnlich. Jedoch betont das Enneagramm die Unterschiedlichkeit der Persönlichkeiten, um die immer wiederkehrenden Konflikte und Reibungspunkte zwischen den Typen verständlich machen zu können, So öffnet das Enneagramm eher den Blick für die Unterschiedlichkeit der Menschen, als dass es sie gleichmacht.

Eine der Auswirkungen, wenn Enneagrammarbeit gut läuft, ist, dass wir begreifen, wie wenig wir voneinander wissen. Erst dann bekommen wir eine Haltung der respektvollen Neugier in Bezug auf den anderen Menschen. Die brauche ich nicht, wenn ich einfach davon ausgehe, dass alle Menschen gleich seien. Und das ist es, was wir mit dieser Arbeit fördern wollen: eine respektvolle Haltung des Nachfragens, des sich selbst In-Frage-Stellens, der Neugier, des Respekts vor der Andersartigkeit des anderen Menschen, in der Hoffnung, dass wir dadurch ein wenig pfleglicher mit unseren Partnern in Liebes- und in Arbeitsbeziehungen umzugehen lernen.

Die - bei aller grundlegend menschlichen Ähnlichkeit - radikale Unterschiedlichkeit der Typen geht bis in die Mikroverhaltensweisen, die wir von Sekunde zu Sekunde miteinander zeigen. Ich schildere das einmal - zugegeben etwas karikiert - im Bereich der ersten Kontaktaufnahme: Ein Bekannter ruft an (Typ Nr. 4), sagt praktisch nicht guten Tag, sondern kommt gleich zur Sache: »Jürgen, ich bin so enttäuscht, dass du mir den Termin für das Konzert nicht durchgegeben hast.« Ich (Typ Nr. 5) denke: »Bleib mir mit deiner dauernden Enttäuschung vom Leibe«, und ich ziehe mich äußerlich (= ich hänge auf) oder innerlich von ihm zurück.
Typus Nr. 8 sagt vielleicht ebenfalls nicht guten Tag, um Kontakt aufzunehmen, sondern tritt erst einmal der anderen Person auf die Füße, fängt einen Streit an. Wenn sein Gegenüber ein eher ängstliches Naturell hat (Typ Nr. 6), bekommt es einen Angstanfall, hält die Nr. 8 für einen schrecklichen Menschen, nur weil es dessen Form der Kontaktaufnahme nicht versteht und nicht weiß, dass man in der Nr. 8 einen guten Freund gewinnen kann, wenn man standhaft bleibt.

Mein eigener Typ (Nr. 5) teilt sein Kontaktbedürfnis dadurch mit, dass er anderen Menschen Raum lässt und leise ist. Das Problem: die anderen bekommen nicht mit, wenn ich Kontakt aufnehmen will, und sie leiden darunter, insbesondere, wenn sie zu den beziehungsorientierten Typen gehören (wie zum Beispiel Typ Nr. 2), die gerne in intensivem emotionalem Austausch stehen. Es wirkt ja, als ob ich keinen Kontakt haben wollte, das frustriert sie.
Typus Nr. 1 sagt vielleicht dadurch »Hallo«, dass er die Fehler des anderen findet. Möglicherweise nimmt er gar keinen Kontakt auf, weil er nicht weiß, wie er das tun soll, bis er einen Fehler beim anderen entdeckt hat oder sich selbst für einen Fehler entschuldigen kann. Wir anderen mögen darüber vergrätzt sein, so lange wir nicht wissen, dass diesem Menschen vom Typ Nr. 1 zurzeit keine bessere Form der Kontaktaufnahme zur Verfügung stand.

Neun Typen der Persönlichkeit: keiner besser oder schlechter als ein anderer, aber radikal unterschiedlich. Wenn wir diese Unterschiedlichkeit nicht wahrnehmen, nicht respektieren, wenn wir unseren eigenen Standpunkt als den richtigen über alle anderen stellen, kommt es natürlich und vorhersagbar zu typischen Reibungen und unnötigen Konfliktlagen. Die Kenntnis des eigenen Typus und der Typen der Partner kann solche Reibungspunkte entschärfen und bewältigen helfen. Es ist daher dies die erste Aufgabe, die wir mit dem Enneagramm haben: unseren eigenen Typus herauszufinden und ihn in der Tiefe zu studieren. Die zweite Aufgabe ist es, den Partner besser zu verstehen, und zwar nicht zu Herrschafts- oder Manipulationszwecken. Das eigentliche Ziel ist ein höheres: zu versuchen, die Welt einmal durch die Augen des Partners zu sehen.

Im psychologischen Bereich liefert das Enneagramm ein detailliertes Wissen über die neun Typen der Persönlichkeit, ihre Verbindung untereinander und die Frage, wie sie sich in Liebes- oder Arbeitsbeziehungen miteinander verhalten. Als psychologisches System ist es mit den herkömmlichen Persönlichkeitssystemen der Psychologie (wie zum Beispiel im ICD oder im DSM dargestellt) vereinbar. Zusätzlich lässt es Aussagen darüber zu, wie die Typen miteinander in Beziehung treten. Außerdem beschreibt und erklärt es Verwandtschaften der Typen und macht Vorhersagen darüber, was einen Angehörigen eines Typus in Stress versetzt oder was ihn beruhigt und wie er sich dann verhalten wird.

DAS ENNEAGRAMM ALS SPIRITUELLES SYSTEM

Das Enneagramm ist darüber hinaus ein spirituelles System. Mir scheint, dass alle namhaften Religionen die menschliche Persönlichkeit als eine Abweichung von einem inneren Kern, einem inneren Wesen, einer Essenz, dem eigentlichen oder höheren Selbst betrachten. Es wäre dieser Kern, in dem wir auch Erfahrungen mit höheren, überindividuellen Kräften machen können. Weiterhin gilt: Kein Typus ist besser oder schlechter als ein anderer, aber jeder stellt eine spezifische Abweichung vom Wesenskern dar, und die Menschen werden immer wieder vom Kern weggelenkt, hin auf wiederkehrende Themen, die für ihre Persönlichkeit typisch sind. Das Enneagramm benennt diese Themen (zum Beispiel im Konzept der emotionalen Fixierung oder im Konzept der Aufmerksamkeitsrichtungen), und es gibt eine Orientierungshilfe, sozusagen eine Landkarte, für die Rückkehr zum Wesenskern.

Psychologisch betrachtet mag ja momentan alles gut gehen im Leben: die Partnerschaft läuft gut, die Kinder sind gesund und in Ordnung, das

Karriereziel ist erreicht, aber etwas fehlt, jedoch was? Man ist auf der Suche nach etwas, was man im Kino, in der Kneipe, am Fernseher nicht findet. Suche heißt, dass etwas verloren gegangen ist. Das Enneagramm benennt das Verlorengegangene: den Kontakt zum Kern, zur Essenz, zu den höheren Aspekten unseres Daseins. Wenn also neben den alltäglichen Vollzügen ein tieferes Bedürfnis deutlich wird, dann ist das Enneagramm als spirituelles System gefragt.
Wir wollen - und das macht das Enneagramm von der Absicht her mit den Weltreligionen vereinbar - diese Rückbindung, das Wiederfinden des Verlorengegangenen unterstützen. Das Enneagramm stellt ein psychologisch-spirituelles Hilfssystem dazu dar, es benennt den Verlust, die Mechanik des Verlorengehens und gibt wie eine Landkarte Orientierung beim Wiederfinden.

Stellen Sie sich übungsweise einmal vor, Sie sitzen ruhig da, in einer Weise, wie es Ihrer Vorstellung von Meditation entspricht. Und Sie finden für einige Momente wieder zu sich, haben ein deutlicheres Gefühl dafür, wie Sie in Ihrem inneren Wesen sind. Nun beginnt eine Mücke um ihren Kopf zu kreisen. Sie haben Erfahrung mit Mücken, und Sie befürchten, diese Mücke könnte zur Landung ansetzen und Sie stechen. Eigentlich versuchen Sie noch zu meditieren, aber der größte Teil Ihrer Aufmerksamkeit richtet sich auf das Surren der Mücke und auf Fragen wie: »Wie weit ist sie weg? Setzt sie jetzt zur Landung an? Es hat gerade zu surren aufgehört, bedeutet das, dass sie an der Wand sitzt und mich belauert, oder sitzt sie etwa bereits auf mir und wird mich gleich stechen? Wenn ich jetzt nach ihr schlage, werde ich sie dann treffen oder wird sie auffliegen und neu ansetzen, wenn ich unaufmerksam bin?« Ihre Befürchtung steuert Ihre Aufmerksamkeit (im Beispiel zu Recht) und diese richtet sich auf alles Mögliche hin und gleichzeitig weg von der Wahrnehmung Ihres inneren Wesens. Schlimmer noch: Wenn Sie das Biest erledigt haben, könnte ja noch eine weitere Mücke im Raum sein, und Ihre Aufmerksamkeit, die der Abwehr einer Gefahr, einer Verletzung dient, bleibt weiterhin auf die Mückenfrage konzentriert, und es ist schwer, von dieser Ablenkung wieder zurück zum Kern zu kommen.

Unsere Persönlichkeit entwickelt sich in ähnlicher Weise. Etwas hat uns einmal in unserem Leben Schmerzen, Angst oder Unwohlsein bereitet, und unsere Aufmerksamkeit hat daraufhin begonnen, um das Thema dieses Schmerzes zu kreisen. Und nun, obwohl der Anlass des Schmerzes vielleicht längst nicht mehr gegeben ist, wird unsere Aufmerksamkeit in

automatischer, stereotyper Weise immer wieder in eine bestimmte Richtung gezogen, die früher einmal sinnvoll war, um mit unseren Verletzungen fertig zu werden. In dem Maße aber, wie sich die Aufmerksamkeit automatisiert auf ein bestimmtes Thema richtet, werden wir von unserem Kern weggelenkt und verlieren den Kontakt zu unserem inneren Wesen. Das Enneagramm benennt neun emotionale Themen, die neun unterschiedliche Ablenkungen unserer Aufmerksamkeit von unserem Kern steuern. Daraus, so sagen wir, entstehen neun Typen von Persönlichkeit. Keiner besser oder schlechter als der andere, alle mit Vorzügen und Nachteilen versehen. Alle aber stellen im Grunde Beschränkungen auf wenige, automatische, stereotyp wiederkehrende Verhaltensmöglichkeiten dar.
Und hier nähern wir uns der Wahrheit hinter dem oft gegenüber dem Enneagramm geäußerten Vorwurf, es würde Menschen in Kategorien oder Schubladen pressen: Das Enneagramm beschreibt neun Schubladen oder Kerker, in die wir uns gesetzt haben, lange bevor wir dem Enneagramm über den Weg gelaufen sind. Die Logik ist dieselbe wie in dem Begriff »Nestbeschmutzer«: derjenige, der auf den Schmutz im Nest hinweist, lebt in der Gefahr, als Verursacher des Schmutzes geziehen zu werden. Das Enneagramm allerdings beschreibt nur die Schubladen und Kerker, um eine Orientierung zum Verlassen derselben zu geben. Es benennt neun Persönlichkeiten und Aspekte der Rückkehr zu unserem Kern.
Im spirituellen Aspekt ist das Enneagramm damit mit dem Grundanliegen der wichtigsten Weltreligionen vereinbar, die ihrerseits spezialisierte Rückkehrhilfen zum Kern bieten und deren Methodologie sich auch von den Enneagrammanwendern nutzen lässt.

DIE ENTWICKLUNGSAUFGABEN DES MENSCHEN

In der Arbeit mit dem Enneagramm haben Sie zunächst die Möglichkeit zum Selbststudium, zur Selbsterkenntnis. Folgende Aufgaben stellen sich Ihnen:

- Das Herausfinden Ihres eigenen Typus.
- Das Studium Ihrer Automatik, der wiederkehrenden grundlegenden Lebensthemen.
- Das Studium des Schattens, der verborgenen Motoren und Mechaniken Ihres eigenen Charakters.

- Das Studium der Persönlichkeit Ihrer Arbeits- und Beziehungspartner mit dem Fokus: Wie kann ich die Welt durch deine Augen sehen?

Mit diesen Aufgaben können Sie in, wie ich hoffe, unterhaltsamer und interessanter Weise beginnen, indem Sie die im Interviewkapitel enthaltenen Gespräche mit den Experten des jeweiligen Typus lesen.

- Die Weiterentwicklung der eigenen Persönlichkeit.
- Das Studium der so genannten höheren Aspekte des eigenen Charakters als Rückkehrhilfe zum Wesenskern: Wann war ich einmal außerhalb meiner fixierten Persönlichkeit, wie fühlte sich das an, und wie bin ich da hingelangt?
- Die Schulung von »awareness«, der bewussten Wahrnehmung, des so genannten inneren Beobachters, als Voraussetzung für die vorherigen Punkte.

Hierzu gibt es Übungen und Hinweise in den Interviews und in einem gesonderten Kapitel am Ende des Buches.

DIE WICHTIGSTEN BASISKONZEPTE IM ÜBERBLICK

Hier erhalten Sie eine kompakte, leicht verständliche Einführung zu den grundlegenden Aspekten der Enneagrammtheorie. Ausführlichere Darstellungen finden Sie in den Literaturempfehlungen am Ende des Buches.

Hier zunächst ein »gerafftes Theoriegerippe«:

- Das Enneagramm enthält zunächst Oberflächenbeschreibungen von neun Persönlichkeitstypen.
- Es beschreibt Verwandtschaften der Typen im Konzept der »Flügeltypen« (Nachbartypen).
- Es schildert im Konzept der »Pfeilrichtungen«, wie ein Typus unter Stressbedingungen sowie andererseits unter sicheren Rahmenbedingungen in das Muster eines anderen Typus umschlägt.

- Es beschreibt den »Schatten« der Persönlichkeit: was wir sind, aber nicht sein wollen oder uns nicht wahrzunehmen getrauen. Dazu gehören zum Beispiel
  - die Theorie der automatischen Ausrichtung von Aufmerksamkeit und
  - die Theorie des Selbstideals, wie wir nämlich unsere schlechten Eigenschaften vor uns geheim halten, indem wir uns in typischer Weise idealisieren, sowie
  - die Theorie der emotionalen Fixierung, der Leidenschaften bzw. im christlichen Sprachgebrauch der Wurzelsünden: ein für jeden Typus genau bestimmbares wieder-kehrendes emotionales Thema.
- jeder Typus kennt Zeiten, wo er aus der, wie ich es nenne, »Geisterbahn« der Persönlichkeitsfixierungen ausgestiegen ist und sich nicht unversehens in eine neue Runde von Persönlichkeitsdramen hineinkarren ließ. Die Theorie der »höheren Aspekte« gibt landkartenartig für jeden Typus an, welche Erfahrung er machen kann, wenn er der Verlockung des Geisterbahnfahrens, der Automatik der Bahn oder der Drohung des Personals einmal entgeht, wenn er also nicht in den Automatiken der Persönlichkeit verfangen ist.

Im Folgenden werden diese Theorieteile kurz ausgeführt. In den Interviews werden sie illustriert und durch Ratschläge und Entwicklungshinweise ergänzt.

DIE TYPEN AN IHRER OBERFLÄCHE

Es beginnt mit dem Symbol des neunzackigen Sterns innerhalb eines Kreises. Die neun Typen werden bevorzugt als Nummern um das System herum angeordnet. Das Nummerieren ist sinnvoll, um vorschnellen Assoziationen und Wortinterpretationen vorzubeugen. Wir sprechen also von Typ Nr. 1, 2, 3 usw. oder von Einsen, Zweien, Dreien. Weil sich unser Verstand jedoch nach Namen und Überschriften sehnt, benennen wir die Nummern dann doch, wenn auch nur widerstrebend.

Das Symbol, die Typen und ihre Benennung

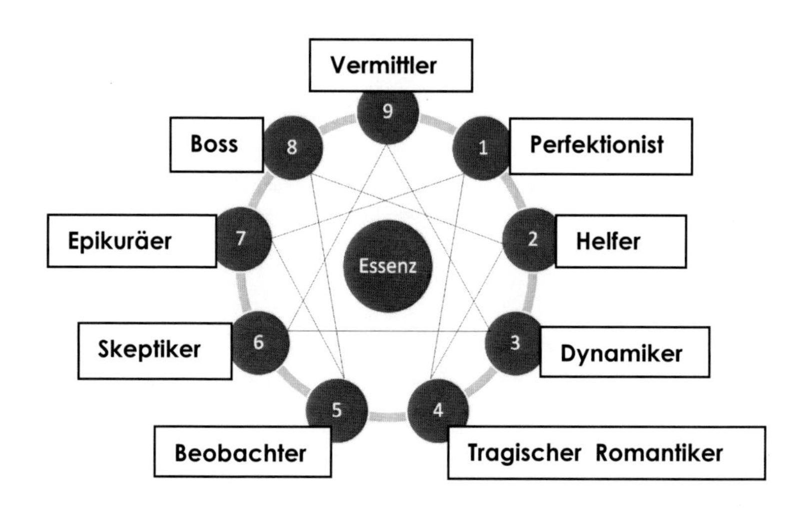

Jeder der Typen hat eine Reihe von Oberflächencharakteristika, an denen er sich selbst erkennen kann und an denen andere ihn erkennen können. Wenn Sie Ihren Typ herausfinden .wollen, können Sie einen ersten Check mit den nun folgenden Beschreibungen machen, indem Sie sie auf sich anwenden. Übung 1 im Teil III hilft Ihnen, diese Einschätzung etwas gründlicher zu gestalten.

Typ 1
Perfektionist

Perfektionistisch, sucht Fehler bei sich und anderen, um die Welt besser zu machen. Kritisch, selbstkritisch, streng, korrigierend, prinzipientreu. Andere fühlen sich von der Eins oft korrigiert und bekrittelt.

Typ 2
Helfer

Hilfreich, großzügig, sorgend, erfüllt die Bedürfnisse einiger ausgewählter anderer, ignoriert die eigenen Bedürfnisse, will Aufmerksamkeit und Liebe für ihre Hilfeleistung, sagt das aber nicht, wird daher und sobald sich die dadurch aufgestauten Gefühle entladen, als manipulativ erlebt.

Typ 3
Dynamiker

Aktiv, dynamisch, erfolgs-, effektivitäts-, konkurrenzorientiert, will Anerkennung über Leistung und Erfolg. Stellt sich und eigene Leistung in einem zu positiven Licht dar, vernachlässigt dabei authentische Gefühle, wird daher von anderen oft als täuschend und emotional abwesend erlebt.

Typ 4
Tragischer Romantiker

Melancholisch, tragisch-romantisch, dramatisch nach außen oder innen, große Gefühle, fühlt sich als besonders gut oder besonders schlecht, nichts dazwischen; tiefschürfend. Andere empfinden die Gefühle der Vier oft als übertrieben und fühlen sich von ihr in unauflösbare Beziehungsdramen eingesponnen.

Typ 5
Beobachter

Beobachtend, zurückgezogen, eher analytisch als im vollen Leben stehend. Denken steht im Vordergrund, Gefühle und Handeln sind vermindert oder auf später verschoben. Andere fühlen sich von der Fünf oft beobachtet und wie von oben herab angesehen und beklagen deren innere Abwesenheit in Beziehungen.

Typ 6
Skeptiker

Zweifelt an sich selbst, an anderen und an der Welt. Ist daher mehr oder weniger bewusst ängstlich, die Welt ist für die Sechs ein gefährlicher Platz, Menschen sind gefährlich, weil sie einen angreifen oder nicht verlässlich sind. Andere fühlen sich von der Sechs oft auf Verlässlichkeit getestet und bezweifelt.

Typ 7
Epikuräer

Vielseitig, spaßorientiert, wenig verbindlich, hüpft von einem interessanten, faszinierenden Ding (Gedanke, Tätigkeit oder Person) zum anderen, um unangenehmen Gefühlen auszuweichen. Andere empfinden die Sieben oft als oberflächlich und wenig verbindlich.

Typ 8
Boß

Kämpferisch, leicht wütend, machtorientiert, will die Kontrolle, weiß, dass er diese immer hat oder bekommen kann, durchsetzungsstark. Andere haben das Gefühl, dominiert und beherrscht zu werden.

Typ 9
Vermittler

Ausgleichend, harmonisierend, friedfertig, vermeidet Ärger und das Spüren eigener Positionen, Wünsche, Gefühle. Verschmilzt mit den Interessen anderer, weiß häufig nicht, was er will oder nicht will. Andere ärgern sich leicht darüber, dass er nicht sagt, was er machen will, aber dann auch nicht tut, was man von ihm verlangt.

DIE BEDEUTUNG DES KREISES: TYPVERWANDTSCHAFTEN

Die Anordnung der Typen auf dem Kreis des Symbols benennt die Verwandtschaften mancher Typen.

Eine Nr. 4 wird zum Beispiel auch die Themen und die Dynamiken der Nachbartypen Nr. 5 oder Nr. 3 oder beide in sich spüren, selbst wenn sie sozusagen nicht da »zu Hause« ist. In unterschiedlichen Lebenssituationen oder Entwicklungsphasen mag eine Färbung durch den einen, den anderen oder auch keinen der beiden Nachbartypen überwiegen.

DIE BEDEUTUNG DES INNEREN DREIECKS: ZENTRALTYPEN UND FLÜGEL

Die Typen 3, 6 und 9 bilden ein inneres Dreieck. In der psychologischen Füllung des Enneagramms bedeutet dies: Jeder dieser drei Typen stellt einen zentralen Typus, ein zentrales Thema dar, von dem die jeweiligen Seiten- oder Flügeltypen Variationen bilden. Beispielsweise verkörpert Typus Nr. 3 das Zentralthema der Herz- und Imagetypen: »So zu sein, wie ich bin, einfach da zu sein und Bedürfnisse zu haben reicht nicht aus, um geliebt zu werden. Ich muss anders scheinen als ich bin.« Typ Nr. 3 versucht das Dilemma zu lösen, indem er das Image des Erfolgs auflegt, um wenigstens (Liebe hat er schon aufgegeben) Anerkennung dafür zu bekommen, was für ein toller Kerl er ist. Typ Nr. 2 löst das Dilemma durch das Image »Ich bin die Erfüllung deiner Wünsche und Bedürfnisse«, Typ Nr. 4 durch das Image des »Besonderen«.
Typ Nr. 9 ist der zentrale Typus der Bauch- und Wuttypen, Nr. 1 und Nr. 8 stellen Variationen davon dar. Der Umgang mit Wut, Abgrenzung und eigenem Bedürfnis ist das zentrale Thema dieser Typen. Paradoxerweise ist der Kontakt zu Wut, eigener Position, eigenem Bedürfnis und anderen »Bauchimpulsen« beim Zentraltyp der Triade, der Nr. 9, eingeschlafen. Nr. 8 ist übermäßig wütend, territorial und impulsbetont, Nr. 1 dagegen ist wütend, unterdrückt aber die offene Äußerung von Wut als »falsch«.
Typ Nr. 6, als Zentraltypus der Angst- und Kopftypen, versucht der Angst vor der Welt durch das gedankliche Vorwegnehmen von Gefahren vorzubeugen. Typ Nr. 5 hat ebenfalls Angst, entgeht ihr aber, indem er sich in die Welt seiner Gedanken zurückzieht, ähnlich Nr. 7, die sich allerdings mit Träumereien über schöne zukünftige Situationen von Angsterweckendem ablenkt.

DIE BEDEUTUNG DER VERBINDUNGSLINIEN: VERHALTEN IN STRESS UND IN SICHERHEIT

Unter Stress verwandelt sich jeder Typ in den Typus, der auf der Verbindungslinie in Pfeilrichtung am nächsten liegt: 3 in 9, 6 in 3, 9 in 6, 1 in 4, 4 in 2 usw. Unter sicheren Rahmenbedingungen bewegen wir uns gegenläufig: 7 in 5, 5 in 8 usw. Damit scheint auch die am leichtesten zugängliche Entwicklungsrichtung für alle Typen angezeigt.

Die Pfeilrichtungen: Stress und Sicherheit

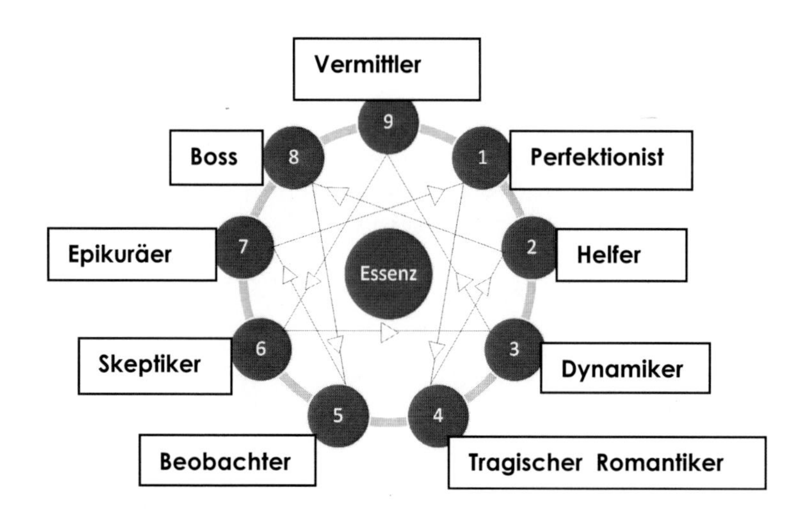

Eine Veränderung der Dynamik des eigenen Typus ist offenbar am leichtesten in Sicherheitsrichtung möglich. So zeigen zum Beispiel Fünfer eine aggressiv-territoriale Tendenz und Lebensgier (Typ Nr. 8), wenn sie sich entwickeln. Ebenso kann sich das Gefühl von Sicherheit und Entspannung einstellen, wenn ich willentlich versuche, das Verhalten meines Sicherheitstypus zu zeigen.

AB IN DIE TIEFE: DER SCHATTEN

Für Ihre Selbstentwicklung und Ihr Selbststudium gibt Ihnen das Enneagramm zunächst gute Oberflächenbeschreibungen Ihrer Persönlichkeit. (Sie erfahren mehr davon in den Interviews mit den

Experten.) Seine eigentliche Wirkung entfaltet das System allerdings nur demjenigen, der bereit ist, sich mit den verborgenen Tiefenanteilen, dem eigenen Schatten, auseinanderzusetzen. Die in den nächsten Abschnitten folgenden »Orientierungskarten« der Enneagramme der Aufmerksamkeitsrichtungen, der Selbstidealisierung und der Leidenschaften sowie die Übungen 2, 4, 5, 6 und 8 helfen Ihnen dabei zu verstehen, was Ihre Persönlichkeit in der Tiefe zusammenhält und sie organisiert. Wenn wir uns allerdings dieser Aspekte der Persönlichkeit bewusst werden, wollen wir uns vielleicht gar nicht mehr so gerne mit uns selbst auseinandersetzen und analysieren lieber die Fehler und Automatismen der Partner. Damit sind wir dann - psychologisch betrachtet - ausgerutscht wie die Fliege vom Rand der Salatschüssel. Schlecht gelaufen.

DIE FIXIERUNGEN DER AUFMERKSAMKEIT

Jeder Mensch hat ein gewisses Maß an Aufmerksamkeit zur Verfügung. Für mich ist Aufmerksamkeit wie ein Scheinwerfer in der Nacht. Nur das, was von ihm angestrahlt wird, wird hell, das sehe ich, nehme ich wahr, alles andere bleibt im Dunkeln. In der Nacht existiert daher nur der Teil der Welt für mich, auf den das Licht meines Scheinwerfers fällt. Ist dieser Scheinwerfer verschmutzt oder zittert er hin und her, bekomme ich kein klares Bild. Bleibt er ausschließlich auf einem Objekt hängen, so sehe ich nur dieses Objekt, und mir scheint, die Welt bestehe nur daraus.
Es gibt ein »Ich«, das den Scheinwerfer lenkt. Naiverweise nehmen wir gerne an, dass unsere Willensfreiheit es uns ermöglicht, unseren Aufmerksamkeitsscheinwerfer dorthin zu lenken, wohin immer wir es wollen und dass wir somit ein komplettes Bild der Welt haben. Weit gefehlt! Diejenigen unter uns, die sich selbst beobachtet haben, sagen uns, dass unsere Aufmerksamkeit immer wieder wie magisch von bestimmten Aspekten der Wirklichkeit angezogen wird, so dass wir nur diese wahrnehmen und andere nicht. Die Einschränkung in der Wahrnehmungsbreite bewirkt, dass wir in einer bestimmten, für uns typischen Welt leben, in der unsere Handlungen, Gefühle und Denkweisen nur folgerichtig erscheinen. Es gibt aber mindestens acht weitere »Welten«, die mit ebensolchen Wahrnehmungseinschränkungen behaftet sind, sich aber von der jeweils eigenen radikal unterscheiden. Das war die schlechte Nachricht. Die gute Nachricht ist: Wenn wir es fertig bringen, wach zu bemerken, wo unsere Aufmerksamkeit automatisch immer wieder hingeht, dann und erst

dann ist es möglich, ihre Richtung zu ändern, sie auch auf andere Aspekte der Realität zu richten und uns somit aus unserem Wahrnehmungsgefängnis zu befreien.

Was sind nun die neun Richtungen, in die die Aufmerksamkeit der Typen immer wieder abgelenkt wird?

Automatische Ausrichtungen von Aufmerksamkeit
(nach Helen Palmer, 1991)

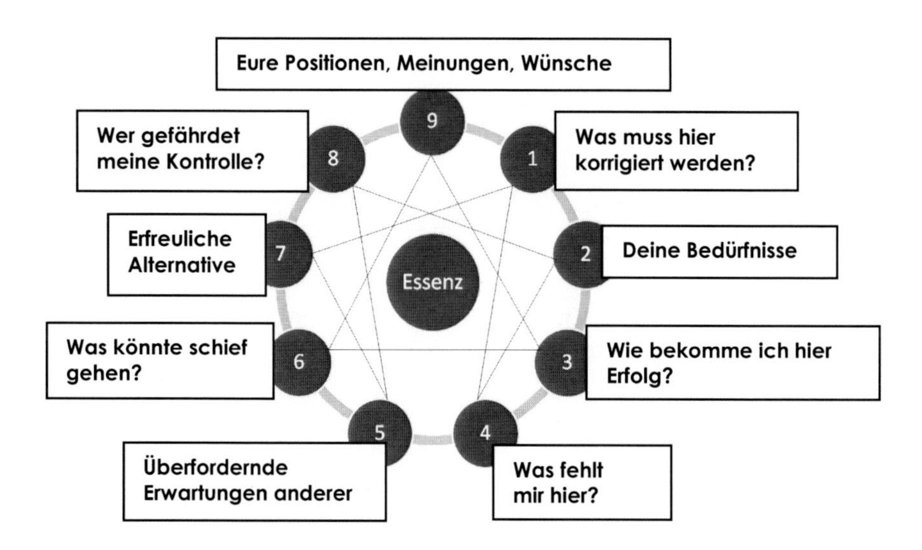

Die Aufmerksamkeit der Einsen geht immer wieder mit der Frage: »Was ist hier falsch, was muss verbessert werden, um Perfektion zu erreichen?« an die Welt heran. Der Fussel an der Kleidung des Partners, der Krümel am Boden, die Hausarbeit, die noch getan werden muss: Alles, was zur Perfektion fehlt, zieht die Aufmerksamkeit der Eins magisch an. Auch die anderen Typen mögen Fehler bemerken und sie korrigieren wollen, aber die Fixierung der Aufmerksamkeit der Einsen bewirkt, dass sich ihnen die Welt als ein Platz voller zu korrigierender Fehler erweist, die abzuarbeiten man dann antreten muss. Die Entwicklungsrichtung und Übung für die Nr. 1 ist, ihre Automatik immer häufiger zu bemerken und die Aufmerksamkeit so oft und bewusst wie möglich auf die Frage zu richten: »Wie ist alles hier jetzt schon richtig, jetzt schon perfekt«? Keine leichte Aufgabe für die Nr. 1 (vgl. Übung 8).

Die Aufmerksamkeit der Nr. 2 geht automatisch weg von den eigenen Problemen, Wünschen, Bedürfnissen und hin zu den Problemen, Wünschen und Bedürfnissen von anderen, ausgewählt wichtigen Personen, So schaffen sie eine Welt voller Bedürftiger, aber die eigenen Nöte werden ausgeblendet und solange aufgeschoben, bis die anderen keine Bedürfnisse mehr haben. Daher ist zum Beispiel die Frage an die Nr. 2: »Was brauchst du?« am Anfang ihres Weges nicht zu beantworten, sondern sie wird reagieren mit: »Mir geht's gut, wenn du hast, was du brauchst.« Die Entwicklungsaufgabe ist es, den Scheinwerfer wieder zurück auf die eigenen Bedürfnisse zu richten, aber auch auf die Wahrnehmung, dass und wie ihre Umgebung bereit ist, ihnen zu helfen statt umgekehrt. Nr. 3 fokussiert ihre Aufmerksamkeit mit den Fragen: »Was ist die Aufgabe, die hier zu lösen ist?« und »Wie muss ich hier sein, damit ich erfolgreich werde und Anerkennung bekomme?« Sie richtet sie weg von den eigenen echten Gefühlen und emotionalen Bedürfnissen. Obwohl auch Dreien ihre Aufmerksamkeit auf Fehler (Nr. 1) oder auf die Bedürfnisse anderer (Nr. 2) richten könnten, kriechen sie doch automatisch in die Hirne und Herzen der Anwesenden, um den Punkt herauszufinden, der sie für die anderen erfolgreich macht. Dreien können sich erst wirklich weiterentwickeln, wenn sie beginnen, ihre Aufmerksamkeit auf die Frage: »Was sind meine eigenen, wirklichen, echten Gefühle« zu richten, statt darauf, wie man sein muss, um anzukommen.

Typ Nr. 4 lenkt seine Aufmerksamkeit automatisch auf »das Beste im Abwesenden und das Schlechteste im Anwesenden«. Das, was jetzt und hier schön ist, wird ignoriert und das, was schön ist an dem, was man gerade nicht haben kann, rückt in den Vordergrund der Wahrnehmung. Es resultiert eine Sehnsucht nach dem, was fehlt, und eine Unzufriedenheit mit dem, was vorhanden ist. Entwicklung für die Nr. 4 wäre, ihre Aufmerksamkeit bewusst so steuern zu können, dass sie bemerkt, was jetzt und hier schön und befriedigend ist.

Typ Nr. 5' beschäftigt sich zwanghaft mit der Frage: »Wie wird mich das überfordern und auslaugen?« und sucht mit seiner Aufmerksamkeit die Menschen und die Welt nach Hinweisen dafür ab. Natürlich könnte er, wenn er sehr bewusst wäre, dies bemerken und einen Versuch starten, seine Aufmerksamkeit auf das Gegenteil zu konzentrieren: »Was sind meine Erwartungen, Wünsche, Sehnsüchte an die Welt und wie seid ihr bereit, diese zu erfüllen?« (Entwicklung). Aber in einem unbewussten Augenblick schnappt die Aufmerksamkeitsautomatik wieder ein, und

die Fünf lebt erneut in ihrer Welt, in der sie sich zu großen, überfordernden und auslaugenden Erwartungen ausgesetzt sieht.
Nr. 6 richtet ihre Aufmerksamkeit auf das, was hinter der freundlichen Fassade einer Person womöglich an Gefährlichem vor sich gehen kann oder was in einer gemütlichen, sicheren Situation als nächstes an Unheil passieren oder was schief gehen könnte. Natürlich könnte sie ihre Aufmerksamkeit auch darauf lenken, was jetzt und hier angenehm, sicher, freundlich und beschützend ist, aber die Automatik ist auf die Suche nach hintergründig Gefährlichem eingestellt.
Nr. 7 scheint den ultimativen Trick zum Glück gefunden zu haben, den sie uns weniger begünstigten, dunkleren Naturellen beibringen könnte. Sie lenkt ihre Aufmerksamkeit automatisch weg von allem, was mit Schmerz, Angst, Leid oder Langeweile zu tun hat, und konzentriert sich mental auf die vielen schönen Möglichkeiten und Alternativen, die das Leben bietet. Dass dies ebenso ein Zwang, ein Gefängnis ist wie die Aufmerksamkeitsfixierung der anderen Typen, bemerken Siebener oft erst sehr spät in ihrem Leben. Ihre Partner jedoch beklagen, dass man mit der Sieben Zeiten von Kummer oder auch nur Routine sehr schwer durchleben kann. Um als Mensch ganz zu sein, muss die Sieben lernen, ihre Aufmerksamkeit auch auf das Erleben der negativen Erfahrungen des Lebens zu richten.
Nr. 8 sondiert mit ihrer Aufmerksamkeit automatisch die Umgebung danach ab, wer die Kontrolle, die Macht hat und wer die eigene Kontrolle über die Situation gefährden könnte. Ziel ist, die Kontrolle zu behalten. Es würde der Nr. 8 endlos gut tun, könnte sie ihre Aufmerksamkeit auch auf die weicheren, liebevolleren, manchmal schmerzvollen Erlebnisse, die das Leben bietet, konzentrieren. Im nächsten unbewussten Augenblick jedoch schnappt die Aufmerksamkeit wieder in die Spur zurück: »Wer oder was gefährdet hier meine Kontrolle?« Die »Rückkehr in die Geisterbahn, nächste Runde«.
Die Nr. 9 schließlich, ähnlich wie die Nr. 2, hat Probleme, die Aufmerksamkeit auf sich selbst konzentriert zu halten: Sie wird automatisch von den Wünschen, Bedürfnissen, Positionen und Meinungen all der anderen angezogen. So schafft sie eine Welt, in der die eigenen Impulse keine Rolle mehr spielen und es nur noch darum geht, sich den anderen anzupassen oder gegen sie (meist passiv) zu rebellieren. Die Übung für die Nr. 9 ist, ihre Aufmerksamkeit immer wieder auf sich selbst, den eigenen Körper, die eigenen Emotionen zurückzubiegen, aber in der Automatik kippt sie schnell auf »draußen« und auf »alle anderen«.

SELBSTIDEALISIERUNG UND WAHRNEHMUNG DURCH DEN PARTNER

Jeder Typ stellt sich vor sich selbst gerne als ideal dar, das heißt, er hat eine Selbstidealisierung, mit der er sich den Blick auf die tieferen, unbewussten Teile seiner Persönlichkeit und seiner Verhaltensweisen verstellt.
Unsere Partner kennen diese Punkte bei uns, denn sie leiden darunter und konfrontieren uns damit, aber wir selbst verkleiden die jeweilige Eigenschaft vor uns. Es ist deshalb ganz sinnvoll, einmal darauf zu achten, was uns der Partner auf dem Höhepunkt einer Auseinandersetzung an den Kopf wirft. Sinnvoll deshalb, weil er oder sie vermutlich recht damit hat - wir wollen es nur nicht wissen, damit es uns weiterhin unbewusst bleibt und wir so weitermachen können wie bisher. Partner würden natürlich besser daran tun, ihre eigenen (finsteren) Motive für ihre Vorwürfe zu überprüfen, trotzdem aber sind die Inhalte dessen, was sie sagen, für uns selbst oft erwägenswert.

Hier ist eine Liste der Selbstidealisierungen, also wie sich die Typen selbst gerne sehen, was ihnen durch diese Idealisierung verborgen bleibt und worüber sich die jeweiligen Partner beklagen.

Selbstidealisierungen
(Grafik nach Rohr und Ebert, 1991)

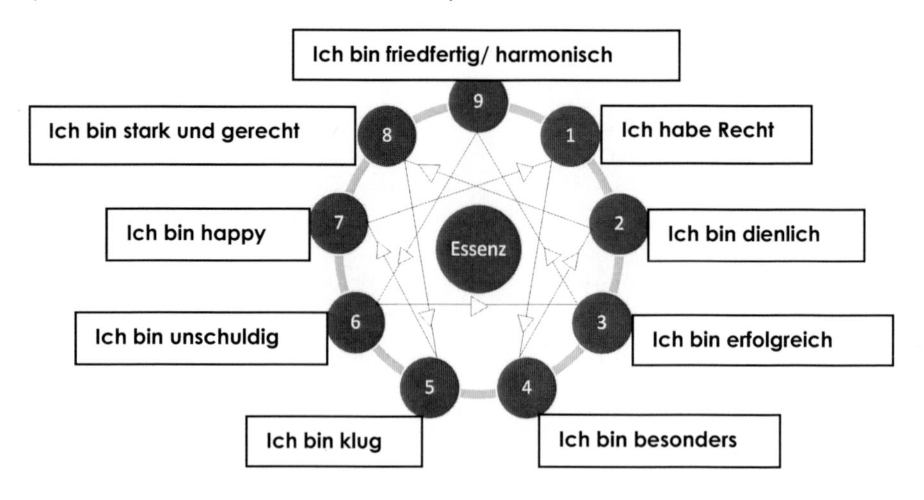

Als Einsen können wir zwar unsere Kritiksucht mit »Ich möchte dir nur auf die Sprünge helfen, dir zeigen, wie es richtig geht« verkleiden und finden, »ich habe recht und bin ein guter Junge bzw. ein gutes Mädchen«, aber unsere Partner sagen richtig: »Wir fühlen uns kritisiert, kontrolliert, heruntergemacht«.

Als Zweien mögen wir unser Bedürfnis, uns unersetzlich zu machen und unsere Partner zu manipulieren, damit uns Aufmerksamkeit geschenkt wird, als »Aber ich will dir doch nur helfen« verstecken und dabei empfinden: »Ich bin einfach eine hilfreiche Person.« Unsere Partner jedoch beschweren sich über uns richtig: »Du sagst nie, was du willst, aber du erwartest, dass ich es errate und dir erfülle, da fühle ich mich manipuliert.«

Unsere Tendenz, vor lauter Arbeit nicht zur Ruhe zu kommen und andere mit unserem Status, unserer Leistung, unserem Image zu blenden und zu täuschen, versteckt sich vor uns Dreien als »aber ich versuche doch nur, erfolgreich und effektiv zu sein« oder »ich bin erfolgreich«. Unsere Partner klagen berechtigt: »Man kann irgendwie nicht einfach mal nur in Ruhe mit dir zusammen sein, ich kann dich irgendwie nicht persönlich erreichen, immer gibt es irgendwas zu tun, das dazwischenkommt«.

Als Typ Nr. 4 wollen wir andere mit der Besonderheit und Tiefe unserer Gefühle beeindrucken, was wir verkleiden als »ich versuche nur, ein intensives, ungewöhnliches und tiefes Leben zu führen«, »ich bin halt etwas Besonderes«. Unsere Partner hoffen jedoch, dass sie einfach nur einmal in einem normalen Gefühlsbereich mit uns zusammen sein können, ohne dass alles tief, dramatisch und bedeutungsvoll wird.

Unsere Tendenz als Fünfer, uns aus dem Leben und den zwischenmenschlichen Beziehungen zurückzuziehen, mag sich als »ich bin einfach ein bisschen weiser als andere, will den Überblick behalten« verkleiden, doch unsere Partner haben recht, wenn sie sich beschweren: »Du bist so distanziert und hältst dich überall raus.«

Wenn Sie jetzt bereits mehr mit Bemerkungen wie »Genau, so ist mein Partner« befasst sind als mit der Frage »Wie bin ich?«, so sind Sie auf dem falschen Dampfer. Denn, bitte, die wichtigere Bemühung mit dem Enneagramm ist die Frage: »Wer bin ich, was sind meine wiederkehrenden Tendenzen, was verheimliche ich vor mir, wie irritiere

ich andere mit dem, was ich vor mir selbst geheim halte?« Sie dürfen nun fortfahren.
Als Sechser haben wir die Tendenz, die Loyalität und Sicherheit unseres Gegenübers ständig zu testen und anzuzweifeln. Wir retten unser Selbstbild als guter Mensch, indem wir finden, »ich wenigstens bin loyal«, und unsere Partner beklagen sich, dass sie sich beobachtet, getestet, angezweifelt und in ihrer persönlichen Integrität in Frage gestellt fühlen.
Die Siebener-Unfähigkeit, sich auf etwas festzulegen und längerfristige Verbindlichkeiten einzugehen, mögen wir uns als »ich will doch nur ein reichhaltiges und aufregendes Leben führen, ich bin halt einfach glücklich« hinstellen, aber unsere Partner und Arbeitskollegen leiden mit Recht darunter, dass wir uns nicht genügend, längerfristig und verlässlich auf sie einlassen.

Die Tendenz, Kontrolle und Macht über alles und jedes auszuüben, mag sich bei uns vom Typ Nr. 8 als »ich bin eine gerechte Person in einer ungerechten Welt« tarnen, aber unsere Partner beklagen sich zu Recht, dass wir über ihre Grenzen gehen, in ihren Privatraum eindringen, sie dominieren und beherrschen wollen und wir uns an ihnen für irgendein vergangenes Unrecht zu rächen scheinen.

Unsere Tendenz als Nr. 9, nicht ja und nicht nein zu sagen, mit den Absichten anderer zu verschmelzen und dann innerlich Widerstand zu hegen, mag sich vor uns als Umgänglichkeit und Harmoniestreben ausgeben: »Ich bin halt einfach mit allem zufrieden«, aber unsere Partner sagen uns richtig, dass sie es vermissen, dass wir Positionen beziehen, dass sie uns träge finden und unter unserem passiven Widerstand leiden.

EMOTIONALE FIXIERUNGEN

Jeder Typ hat eine emotionale Fixierung, einen, wie Helen Palmer sagt, geheimen Organisator, etwas, das ihn wie Treibstoff, wie eine Leidenschaft immer wieder antreibt, von Minute zu Minute. Am Anfang unseres Erkenntnisweges sind uns diese Fixierungen höchst unbewusst. Sie werden mit Selbstidealisierungen aus unserem Bewusstsein geschoben und können oft erst nach längerem Selbststudium erfahren werden.
Das Erkennen und bewusste Wahrnehmen dieser Leidenschaft im Alltag ist vorrangiges Ziel der Arbeit mit dem Enneagramm. Wird die

Leidenschaft in ihrer ganzen Kraft erlebt, ohne dass man ihren Handlungsimpulsen folgt, so verliert sie für diesen Moment ihre Macht über uns und kann sich in ihr höheres Gegenteil (siehe »Die höheren Aspekte der Typen«) verwandeln, und wir sind - wenigstens für Augenblicke - frei von den Zwängen unserer Persönlichkeit. (Wie Sie diese emotionale Fixierung studieren können, erfahren Sie in Übung 2, 3 und 5).

Emotionale Fixierungen, Leidenschaften

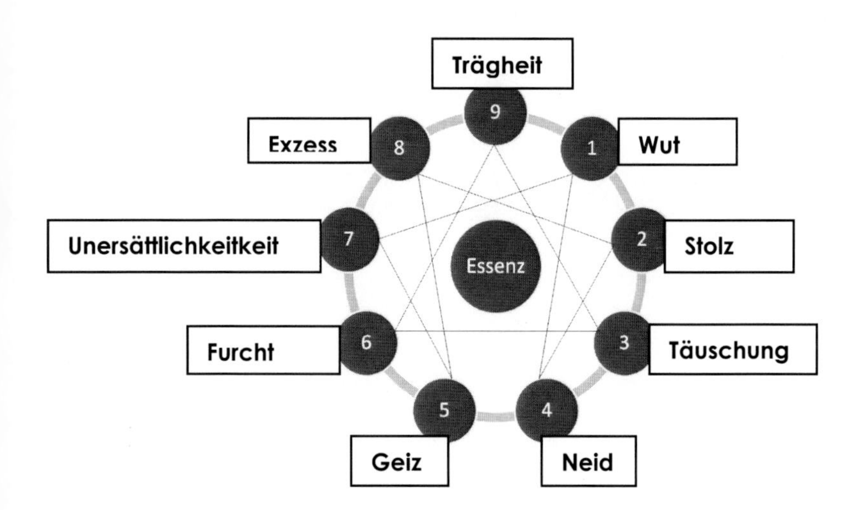

So berichten uns unentwickelte Einsen, dass sie unbewusst von Wut angetrieben werden. Diese Wut ist ihnen am Anfang ihres Weges nicht bewusst, steuert jedoch alle ihre Wahrnehmungen und ihre Verhaltensweisen, zum Beispiel ihre Suche nach Fehlern.

Wer würde von den hilfreichen, aufopfernden, selbstlosen Zweien denken, dass ihr eigentlicher Motor der Stolz ist. Aber erfahrene Zweien wissen, dass hinter der hilfreichen Fassade Stolz der Treibstoff für ihr Handeln ist.

Der Erfolg, die Effektivität und Kompetenz der Dreien sind oft nur Fassade und beruhen auf der Leidenschaft der Täuschung. Erfahrene

Dreier können uns berichten, wie sehr Täuschung und Selbsttäuschung ihr Leben dominiert und organisiert.
Wer würde von der leidenschaftlichen, gefühlvollen Vier denken, dass ihre Triebfeder der Neid ist. Vierer mit viel Erfahrung in Selbstbeobachtung können jedoch entdecken, dass dies ihr Hauptmotiv ist.

Die abstinente, logisch denkende, beobachtende, zurückgezogen lebende Fünf wird in Wahrheit von Habsucht zusammengehalten. »Ich bin nicht habsüchtig, ich brauche nichts«, mag eine unerfahrene Fünf sagen. Aber ihr erfahrenes Gegenstück wird aufzeigen können, wie sehr sie ständig von Habsucht angetrieben wird.
Wer würde von der loyalen, pflichterfüllten Sechs denken, dass sie sich und ihre Welt fortwährend mit Zweifeln zernagt und daher von Angst getrieben wird. Bewusste Sechser berichten jedoch, dass nicht die Welt ein gefährlicher Platz ist, sondern dass sie selbst durch ihre Zweifel die Welt unsicher und angst erweckend machen.
Kaum jemand würde von der Sieben denken (am wenigsten sie selbst), dass Unersättlichkeit ihrer positiv getönten Lebenshaltung zugrunde liegt. Erfahrene Siebener berichten allerdings, dass ihnen die Unersättlichkeit bei einem wahrhaft befriedigenden Leben ständig in die Quere kommt.
Wer würde den Achten in ihrem wütenden Einsatz für Gerechtigkeit Exzessivität als treibende Kraft unterstellen wollen? Erfahrene Achten quellen jedoch über von Beispielen, wie sie für Gerechtigkeit einzutreten schienen und eigentlich nur exzessiven Lust- und Racheimpulsen folgten. Die Neun in ihrer Selbsteinschätzung, eine friedfertige, harmonische Person zu sein, ist nicht leicht davon zu überzeugen, dass Trägheit all ihrem Handeln zugrunde liegt. Bewusstere Neunen können die Punkte benennen, wo sie träge dem Einsatz für ihre eigenen Bedürfnisse ausgewichen sind.

DIE HÖHEREN ASPEKTE DER TYPEN

Die höheren Aspekte der Typen beziehen sich auf Zeiten, in denen wir nicht in den Fixierungen unserer Persönlichkeit gefangen waren. Sie werden als gerade eben außerhalb der eigenen Persönlichkeit befindlich erfahren und stellen daher veränderte Bewusstseinzustände dar, in denen die Leidenschaft aufgehoben und in ihr höheres Gegenteil umgeschlagen ist. Wir alle haben solche Zeiten erlebt, aber

wir vergessen sie leicht und wissen nicht mehr, wie wir Zugang zu ihnen gefunden haben. Die Persönlichkeit wehrt sich gegen das Erreichen dieser Zustände, weil sie als tödlich bedrohlich empfunden werden. Natürlich wissen wir, wenn wir die höheren Aspekte erleben, dass wir nicht bedroht sondern sicher sind. Es hat aber etwas wie der (vorübergehende) Tod der Persönlichkeit stattgefunden, diese wittert das und kämpft für ihr Überleben. Wir erfahren die höheren Aspekte oft in den großen Momenten des Lebens: Geburt, Tod, Ekstase. Trotzdem sind sie, so lehren uns die erfahrenen Vertreter der Typen, denkbar unspektakulär.
Wir unterscheiden einen höheren mentalen Aspekt jedes Typus (als höheres Gegenteil der so genannten mentalen Fixierung, die wir in diesem Theorieteil nicht weiter vertieft haben, sie hat viel mit der bereits erwähnten Aufmerksamkeitsfixierung zu tun; vgl. auch die Hinweise in den Interviews) und den höheren emotionalen Aspekt (als Gegenteil der beschriebenen emotionalen Fixierung). Die Wörter für die höheren Aspekte geben uns wiederum eine Landkarte, eine Orientierung darüber, was wir erwarten können, wenn unsere Persönlichkeit für einige Momente in den Hintergrund tritt. Mir scheint, dass der höhere mentale Aspekt eine gewisse Hilfsfunktion für das Erreichen des höheren emotionalen Aspekts hat. Wir verdeutlichen diese Zusammenhänge hier einmal nicht mit Enneagrammen sondern in Tabellenform.

Die Transformation der Leidenschaft in den höheren emotionalen Aspekt durch den höheren mentalen Aspekt

Der höhere mentale Aspekt	...der Nr.	...transformiert die Leidenschaft	...in den höheren emotionalen Aspekt
Perfektion	1	Wut	Heitere Gelassenheit
Höherer Wille	2	Stolz	Demut
Hoffnung	3	Täuschung	Wahrhaftigkeit
Ursprung	4	Neid	Ausgeglichenheit
Allwissen	5	Habsucht	Nicht-Anhaftung
Glaube	6	Angst	Mut
Arbeit	7	Unersättlichkeit	Nüchternheit
Wahrheit	8	Exzess	Unschuld
Liebe	9	Trägheit	Handlung

Wenn die Nr. 1 sich der Idee öffnet, dass die Welt bereits perfekt ist, wie sie ist, ohne dass sie daran herumverbessern muss, wenn sie einen perfekten höheren Plan unterstellt oder erkennen kann, dann beginnt sie, eine heitere Gelassenheit zu verspüren.

Sobald die Nr. 2 es zulässt, dass auch sie Bedürfnisse hat und Hilfe braucht und dass ihr aufgrund eines »höheren Willens« - und nicht aufgrund eigener Manipulation - ebenso wie anderen Menschen Hilfe und Bedürfniserfüllung zu Teil wird, dann verspürt sie ein Gefühl der Demut.
Wenn die Nr. 3 Hoffnung hegt, dass auch ohne eigenes Zutun für sie getan wird und sie dadurch Sicherheit findet, dann treten ihre echten Gefühle zu Tage, darunter allerdings auch Angst und Schmerz. Sobald die Nr. 4 erkennt, dass sie und ihre ursprünglichen Gefühle einen Platz haben und wahrgenommen werden, schon bevor sie diese größer macht, spürt sie mehr Ausgeglichenheit in ihrem Leben.

Wenn der Nr. 5 bewusst wird, dass sie alles, was sie zum Leben und Handeln braucht, schon weiß, oder dass alles Wissen, was sie dafür benötigt, da draußen - in der Welt und im Körperlichen - bereits für sie vorhanden ist (Allwissen), dann kann sie sich mehr und spontaner auf die Welt und die Menschen einlassen. (Nichtanhaftung).

Für die Nr. 6 eröffnet sich die Möglichkeit zum mutigen, furchtlosen Handeln, wenn sie anfängt darauf zu vertrauen, dass da draußen etwas ist, das an sie glaubt, dass die Menschen sicher sind, dass sie selbst sicher genug gebaut ist für die Welt und dass die Welt sicher ist.
Wenn die Nr. 7 arbeitet, das heißt in Beziehungen und Projekten auch bei Langeweile und anderen unangenehmen Gefühlen ausharrt, dann tritt sie in einen Zustand der Nüchternheit ein - für sie durchaus ein veränderter Bewusstseinszustand.

Wenn die Nr. 8 anstatt zu versuchen, Wahrheit aus anderen Menschen mit Gewalt herauszuschütteln, sich selbst gegenüber wahrhaftig wird und ihre eigenen Gefühle von Angst, Weichheit, Liebe, Schmerz wieder findet, gelangt sie zurück in den Zustand ihrer ursprünglichen Unschuld.

Wenn die Nr. 9 sich der Möglichkeit öffnet, bedingungslos geliebt und angenommen zu sein, lässt sie die Gewohnheiten der Passivität und Entscheidungslosigkeit hinter sich und kann spontan, schnell und sicher handeln.

Die höheren Aspekte sind unspektakulär. Sie sind erste Schritte aus der eigenen Persönlichkeit heraus in ein erweitertes Bewusstsein hinein. Für diejenigen, die diese Schritte gerade tun, fühlt sich das vielleicht wie ein spektakulärer, selten erreichbarer, veränderter Bewusstseinszustand an, aber Fakt ist: für alle anderen ist dieser höhere Aspekt bereits tägliche Erfahrung.
Wie die Experten der neun Typen die höheren Aspekte ihres Typus erlebt haben, können Sie bei den nachfolgenden Interviews in Erfahrung bringen.

TEIL II

DIE INTERVIEWS

Im Folgenden berichten Vertreter der neun Typen in Interviews über ihr Leben. Damit verdeutlichen sie Ihnen die im Theorieteil gerafft dargestellten Themen für jeden Typus. Zur Verdeutlichung sind diese Themen auch im Text noch einmal benannt und hervorgehoben. Was Sie erwarten können und wie Sie das Material am besten für sich nutzen können, erfahren Sie in der nachfolgenden Themenübersicht.
Sie finden:

- Eine typische Szene aus dem Leben des Typus. Zunächst finden Sie eine kurze Geschichte, die von Vertretern des angesprochenen Typus zusammengestellt wurde und die diese als eine typische Szene aus ihrem Leben ansehen. Und Sie können beim Lesen überprüfen, ob die Geschichte selbst bei Ihnen »klingelt« und wie viel davon Ihnen vertraut erscheint.
- Grundlegende Lebensthemen, Selbstideal und Aufmerksamkeitsfixierung des Typus. Die Experten werden dann gefragt, was ihnen an der Geschichte vertraut erscheint, wie man erkennt, dass man eine Nr. X ist, und wie man bei Partnern herausfinden kann, dass sie eine Nr. X sind. Dann arbeiten wir im Interview einige der grundlegenden Lebensthemen des Typus heraus. Außerdem die typische Aufmerksamkeitsrichtung, mit der eine Person ihre Welt erschafft. Auch hier sind Sie aufgefordert, mitzuschwingen und zu sehen, bei welchen Aussagen es »klingelt« oder größere Widerstände auftauchen wie zum Beispiel ein empörtes »Das bin ich bestimmt nicht«.
- Die emotionalen Fixierungen, auch »Leidenschaften« oder »Wurzelsünden/Todsünden« genannt. Hier werfen wir einen Blick auf den »Schatten« der Persönlichkeit, das, was wir auch sind, aber nicht sein wollen. Die Experten schildern dieses ihnen früher unbewusste Zentralthema, um das ihr Leben immer wieder kreist, und die Leser können überprüfen, welche Aha-Erlebnisse, aber auch welche Widerstände die Ausführungen über dieses Thema hervorrufen. Aha- und Widerstandserlebnis könnten beide ein Anzeichen sein, dass Sie zu diesem Typus gehören.
- Die grundlegenden Themen in der Partnerschaft. Wir fragen dann weiter, wie sich die Basisthemen und die Leidenschaft in privaten oder Arbeitspartnerschaften auswirken. Auch hier lässt sich noch eine Typselbsteinschätzung vornehmen.

- Ratschläge für die Partnerschaft mit dem Typus, aus der Sicht des Interviewten. Dieser Rat drückt oft Wünsche aus, wie man sich als Nr. X respektiert fühlt, auch wenn man sich gerade nicht verändert und in seiner Typdynamik bleibt. Wir Partner der Nr. X müssen uns dieser dann sozusagen freundlich zuwenden, ein bisschen wie einem Haustier, beispielsweise unserem Lieblingshamster; von dem wir ja auch nicht erwarten, dass er sich plötzlich verwandelt und uns etwas vorsingt. Diese Abteilung nenne ich »Ratschläge für die Pflege des Hamsters«: Wie kommt man gut mit einer Nr. X zurecht, wenn sie sich gerade einmal nicht für uns verändern will oder kann.
  Wenn Sie den Typus des Partners gefunden haben, erhalten Sie hier Hinweise für einen pfleglichen Umgang in Partnerschaften.
- Ratschläge zur psychologischen Entwicklung des Typus. Wir befragen die Experten darüber, was sie zu ihrer psychologischen Entwicklung und Lebensbewältigung sinnvoll und hilfreich empfunden haben. Die Ratschläge rangieren von einfachen lebenspraktischen bis hin zu therapeutischen Fragestellungen, und bei gefundenem Eigentypus kann man hier von den Ideen des Typkollegen profitieren.
- Die Wahrnehmung der höheren Zustände und wie man dort hingelangt. Hier konfrontieren wir die Sprecher mit den höheren Aspekten des Enneagramms: Zeiten, in denen sie nicht in den Automatismen ihrer Persönlichkeiten befangen waren, sondern über den Tellerrand ihrer Persönlichkeit hinausblicken konnten und aus der Geisterbahn ausgestiegen sind. Sie werden uns auch im Sinne eines Ratschlags erzählen, was ihnen dabei geholfen hat, dorthin zu gelangen.

Wir beginnen mit dem zentralen Dreieck, dessen Typen die Grundtypen für alle anderen verkörpern: Typ 3 als der zentrale Typus der Herz - und Imagetypen, Typ 9 als Zentralpunkt der Bauch- und Wuttypen, Typ 6 als Zentralpunkt der Kopf- und Angsttypen. Wir fangen also mit Typ 3 an und bewegen uns entlang der Stresslinie: 3-9-6, dann 1-4-2-8-5-7, damit Sie beim Lesen auch die manchmal anklingenden Stress- und Sicherheitsreaktionen nacherleben können.
Nun also zunächst Typus Nr. 3. Mit der Basiserfahrung, dass einfach da zu sein und Bedürfnisse zu haben nicht ausreicht, um geliebt zu werden, ersetzt er das Verlangen nach bedingungsloser Liebe durch Anerkennung, die an die Bedingungen der Leistung und des Erfolgs geknüpft sind. Dafür tut er alles, er opfert sogar die eigene Identität:

»Ich werde so sein, wie ihr mich wollt, damit ich in euren Augen erfolgreich erscheine«.

TYP NR. 3

Die Geschichte

Du warst die letzten sechs Monate sehr beschäftigt mit einem Arbeitsprojekt, das dir sehr wichtig ist, und jetzt musst du deine Ideen oder das Projekt Menschen darstellen, deren Achtung du dir sehr wünschst.
Dein ganzes Wesen scheint verbunden zu sein mit diesem Projekt und seinem Ergebnis, seinem Erfolg. Der Tag ist gekommen, an dem du das Projekt darstellen musst. Am Morgen achtest du auf jede Einzelheit, um sicherzustellen, dass du passend aussiehst und gut wirkst und den richtigen Eindruck machen wirst.
Während deiner Präsentation werden Fragen gestellt. Deine Antworten kommen leicht und natürlich, und es sind die, die dein »Publikum« hören will, um zufrieden zu sein. Die Fragen werden schwieriger, und du machst dir Sorgen, dass sie bemerken könnten dass du nicht alles weißt. Bevor sie weiter in dich dringen können, lenkst du ihre Aufmerksamkeit auf etwas ab, von dem du weißt, dass es sich gut verkaufen lassen wird und dass es die Präsentation retten wird.
Alle verlassen zufrieden den Raum, und jetzt bist du allein. Einen Moment lang fragst du dich: »Ist das wirklich das, was ich tun möchte«? Aber dafür ist es jetzt zu spät. Arbeit wartet auf dich. Du unterdrückst die Gefühle, springst mit beiden Beinen in das Projekt, und dabei wird alles andere unwichtig.

Was war dir an dieser Geschichte vertraut?
Wenn ich diese Geschichte höre, ist mir so ziemlich alles vertraut, von der Tatsache, dass ich immerzu mit irgendwelchen Projekten beschäftigt bin, dass mein Hauptziel oder meine Hauptbeschäftigung darin besteht, Projekte ins Leben zu rufen, mich Projekten anzuschließen, oder einfach irgendwas zu machen, was ich nachher zeigen kann. Zeigen ist wichtig, und Machen ist wichtig.

Ich wollte dich gerade nach dem Hintergrund dieser Projektbesessenheit fragen. Warum ist es wichtig, etwas zu tun, das man zeigen kann?
Mir ist es wichtig, etwas zu tun. Es gibt davon verschiedene Aspekte. Es gibt den Aspekt, dass ich mich dann lebendig fühle, ein Stück von mir spüre, wenn ich in einem Projekt engagiert bin, wenn ich Ideen für dieses Projekt entwickeln kann. Ich fühle mich dann sozusagen über das Projekt, und wenn ich keines habe, fühle ich mich nicht so gut.

Ein Projekt ist ein Weg, dich zu spüren?
Das ist das eine. Der andere Aspekt zielt ganz klar darauf ab, Anerkennung zu bekommen für geleistete, verabschiedete Projekte, um mich dadurch auch wieder gut zu fühlen. Anerkennung für ein Projekt, eine Leistung, ist etwas, das ich einfach brauche, um mich gut zu fühlen.

Ich höre zweierlei: »Ich brauche das Projekt und die Aktivität, die da drin liegt, um mich zu spüren, um mich gut im Sinne von aktiv zu fühlen«, und »ich fühle mich gut wegen der Anerkennung, die ich bekomme für ein erfolgreich abgeschlossenes Projekt«. Wie wäre es, wenn du dich einfach spüren und gut fühlen würdest ohne Projekt?
Einfach mich fühlen, spüren, ohne dass es über ein Medium oder ein Projekt geht, ist etwas ganz Schwieriges, weil ich das Gefühl habe, nicht wert zu sein, mich nicht geschätzt fühle ohne das. Ich erwerbe einfach meine Daseinsberechtigung dadurch, dass ich etwas tue, wenn ich nichts tue, dann ist nichts. Wenn andere Leute sagen, einfach nur Sein ist wichtig, dann frage ich gleich: »Was denn sein?« Die Definition ist wichtig und damit auch wieder das Aktive und das Tun. Sein im Sinne von Dasein ist ungenügend, es ist nicht gesättigt genug, es langt nicht, es reicht nicht aus.

Ein Projekt zu verfolgen ist wichtig, etwas zu tun ist wichtig, Erfolg zu haben mit dem, was du tust, ist wichtig. Was tust du alles, um Erfolg zu haben?
So ziemlich alles. Erfolg zu haben ist so eine Quelle, die mich speist, die meine Aktivität immer wieder speist. Zunächst einmal, vermute ich, habe ich ein Gespür, eine Intuition, ein Gefühl, dafür, was erfolgreich werden kann. ich glaube, dass ich zwar viele Dinge ausprobiere, aber doch unter dem Strich immer dementsprechend auswähle, was vermutlich ankommen wird. Erfolg hat ja immer auch damit zu tun, etwas zu vollbringen, was da draußen gewünscht wird, und ich denke,

dass ich ein Stück Gespür dafür habe, was gewünscht wird, und hauptsächlich nur diese Projekte angehe. Dinge, die von Misserfolg begleitet sind oder von der Welt nicht so beachtet werden, die lasse ich dann unter den Tisch fallen, es gibt ja noch anderes.

Wenn du etwas tust, dann nicht so sehr deshalb, weil es richtig ist oder sich gut anfühlt oder du in der Tätigkeit selbst eine Befriedigung findest, sondern weil du ein Gespür dafür hast, dass dich das in den Augen der anderen Leute erfolgreich macht?
In der Tätigkeit selbst muss schon auch Befriedigung liegen, ich würde etwas nicht nur deshalb machen, weil es gerade »in« ist. Es gibt mir aber auch dadurch Zufriedenheit und Bestätigung, weil es gerade ankommt. Dennoch muss es eine Sache sein, die mir auch entspricht.

Und was entspricht dir, welche Kriterien hast du da?
Mir entspricht, mit Menschen zu tun zu haben (= Flügel-Typ-Nr. 2), weil da ein Austausch stattfindet, der mir wieder Energie gibt, der mir auch Anerkennung vermittelt, also wenn Patienten kommen, die sagen, es geht mir nach der Therapie jetzt die ganze Zeit gut, oder ich habe mich nach der Stunde mit Ihnen ganz toll gefühlt, oder ich finde das, was wir hier zusammen erarbeiten, ganz erfolgreich, dann blühe ich selber auf und es geht mir sehr gut dabei. Das ist ein Kriterium, mit Menschen zu tun zu haben. Ein weiteres Kriterium ist, wenn die Tätigkeit mir erlaubt Strukturen zu setzen und Dinge zu organisieren. Das habe ich gern. Auch Dinge, die gut entlohnt sind, mache ich gerne.

Entlohnung schadet nichts dabei?
Nein, ich sehe schon zu, dass ich dabei auch gut verdiene.

Wie strukturierst du einen Tag, und wie gehst du an eine Aufgabe heran?
Ich strukturiere in der Regel grundsätzlich eine Woche. Ich weiß immer genau, was ich in dieser Woche an Aufgaben zu erledigen habe. Daher brauche ich auch ein Terminbuch, um mir den Überblick zu bewahren und um das klar zu planen, was ich wann mache. Termine überschneiden sich in der Regel nicht, sind aber oft sehr knapp gelegt, und ich weiß morgens, wenn ich aufwache, was dieser Tag für einen Inhalt hat, wann ich wo sein muss, mit wem ich es zu tun haben werde, und es stört mich ziemlich, wenn mir irgendwer da einen Krumpler reinmacht, zum Beispiel sagt, er kann nicht oder er meldet sich nicht, oder ich muss auf irgendwas warten, das stört mich empfindlich, weil es

meinen persönlichen Plan durchkreuzt. Ich fühle mich dann aus dem Konzept gebracht, ich bin gereizt und denke, die Stunde hätte ich jetzt gut für etwas anderes verwenden können (= Ärger, wenn Zielerreichen blockiert wird). Früher war es auch so, dass ich mit einer ausgefallenen Stunde sehr große Schwierigkeiten hatte, weil ich dann nicht so genau wusste, was ich eigentlich machen sollte.

Es ergibt sich ja dadurch ein unstrukturierter Raum, wo nicht viel geleistet wird.
Ja, ich denke nicht, dass ich ein unspontaner Mensch bin, aber wenn mir Arbeit ausgefallen ist, bin ich doch recht unspontan, damit umzugehen.

Wie wichtig ist dir Effektivität?
Das zeigt sich zum Beispiel daran, wie ich mir die Tage oder Wochen strukturiere. Ich mache das, damit ich nach Möglichkeit alle diese vielfältigen Aktivitäten, die ich mir anlache, qualitativ gut über die Bühne bringe. Ich kann manchen Menschen schlecht zugucken, wenn ich sehe, wie wenig effektiv die ihr Leben gestalten und wie wenig sie aus meiner Sicht auf die Reihe kriegen. Die mögen ja zufrieden sein damit, aber für mich sind Leute, die eher langsam sind mit der Haltung »Naja, es wird sich schon ergeben« oder »Ja, mal sehen«, die sind für mich eher schwierig, ich kann das nicht, ich muss dann einfach etwas tun.

Ein häufig genanntes Stichwort für Typ Nr. 3 ist Konkurrenz. Könntest du dazu etwas sagen?
Wettbewerb/Konkurrenz hat ja häufig einen negativen Beigeschmack. Für mich ist das aber nicht nur schlecht. Es hat einen sehr inspirierenden und aktivierenden Aspekt. Wenn ich mit Leuten zusammenkomme, die in irgendeiner Form ein berufliches Terrain beschreiten, auf dem ich bereits bin, dann gibt es einen Mordsschub, es mindestens so gut zu machen wie sie, und ich glaube auch, dass ich so manchem beweisen möchte, dass er es gar nicht so gut kann wie ich. Ich bin dann ein bisschen arrogant darüber. Wenn ich ehrlich bin, weiß ich bei manchen Leuten, dass sie es viel besser können als ich, aber das kann ich schlecht aushalten. Ich muss ganz viel dafür tun, dass es sich umkehrt. Negativ fühlt sich Konkurrenz für mich dann an, wenn ich ganz deutlich spüre, dass ich jemandem in bestimmten Bereichen unterlegen bin, da geht es mir nicht gut damit. In der Vergangenheit war das noch

schwieriger gewesen. Heute kann ich das besser verkraften, Ich gleiche das dann damit aus, dass ich mir sage, »dafür kann ich etwas anderes besser«, und mir diesen angenehmen Aspekt immer wieder vergegenwärtige, um das zu verkraften, aber Konkurrenz ist immer ein Thema.

Zu wissen, du kannst etwas besser als andere Menschen, gibt dir ein gutes Gefühl. Ist es das, was wir bei Typ Nr. 3 Eitelkeit (= die so genannte mentale Fixierung der Nr. 3) nennen?
Ja, ich denke, das ist so ein Stück Eitelkeit, andere auszustechen und vor sich selbst zu glänzen.

Brauchst du dann andere zum Glänzen oder reicht es, für dich selbst zu glänzen?
Früher habe ich vorwiegend andere gebraucht. Ich habe immer das Gefühl gehabt, dass ich einen neuen Titel oder eine neue Urkunde oder ein Zertifikat irgendjemandem unter die Nase halten möchte und der sollte sagen: »Toll, super«. Damals habe ich vor allem andere Menschen gebraucht, um zu glänzen. Heute bemerke ich bei mir zwar auch Gedanken, die ähnlich »glänzig« sind. Ich denke zum Beispiel: »Bei mir würde ich gerne in Therapie gehen.« Das gibt es schon auch, dass ich mit mir zufrieden bin, aber auf so einem »glänzigen« Niveau, nicht so ganz echt.

Lass uns mal diesen Aspekt »glänzig, nicht so ganz echt«, also den Aspekt der Täuschung (= emotionale Fixierung) ein bisschen ausbauen.
Ich denke immer noch, dass Täuschung für mich so eine Art Überlebensstrategie ist. Wenn ich sie nicht gehabt hätte und sie auch heute manchmal nicht hätte, dann müsste ich mich tatsächlich einer ganz großen Angst hingeben, nämlich der Angst, in Wirklichkeit nicht zu genügen. Täuschung hilft mir selbst. Es gibt Täuschung als Selbsttäuschung bei mir, und es gibt so eine Form der Täuschung, Außenstehenden zu zeigen, was ich für ein toller Kerl bin, indem ich ihnen irgendetwas vormache. Ich denke, dass diese Täuschungsstrategien deshalb für mich so wichtig sind, weil mich sonst die Angst einholen würde, mich wirklich auf mich besinnen zu müssen, und dass damit die ganzen Minderwertigkeiten offenbar und spürbar würden. Täuschung ist so eine Abwehrposition, die Angst und das Gefühl der Minderwertigkeit werden draußen gehalten.

Du sagst: »Es würde spürbar werden.« Ist es normalerweise nicht spürbar?
Im Normalfall nicht. Mittlerweile kann ich es etwas besser zulassen, diese Angst zu spüren, aber auch nur bis zu einem gewissen Grad und mit einer zeitlichen Begrenzung, ich kann das einfach nicht aushalten.

Die Gefühle der Angst und der Minderwertigkeit überhaupt spüren zu können, ist das eher eine Entwicklung für dich? (Siehe auch den Sicherheitspunkt der Drei: Nr. 6.)
Ja, früher habe ich die Angst überhaupt nicht wahrgenommen. Wenn da irgendetwas Bedrohliches, mich Angreifendes im Raum stand, dann habe ich einfach über etwas anderes geredet oder die Aufmerksamkeit auf einen anderen Schauplatz gelenkt.

Das Umlenken der Aufmerksamkeit ist eine Täuschungsstrategie?
Ja, dadurch habe ich mich getäuscht, aber auch die anderen. Die Selbsttäuschung hat ein bisschen nachgelassen. Ich kann aber immer noch, wenn mir etwas existentiell bedrohlich erscheint, die Situation oder mich beliebig uminterpretieren, so dass es aus meinem Blickwinkel so aussieht, als wäre es eben nicht so. Ich kann mir auf diese Weise ein gutes Gefühl heranziehen, das sich auf einmal ganz echt anfühlt, obwohl sich die Situation selbst nicht verändert hat. Das rettet mich.

Du kannst Dinge ins Positive uminterpretieren, so dass die Situation nicht mehr angsterweckend erscheint?
Ich mache das nicht nur bei Angst, sondern insgesamt, damit ich mich nicht unangenehm fühlen muss. Ich kenne das auch in Situationen, wo ich einen Anflug von Unsicherheit verspüre, sofort bin ich dabei, ein anderes Bild von mir durch Sprache, Mimik oder Gestik zu erschaffen, so dass ich überhaupt nicht mehr unsicher aussehe, und schon fühle ich mich auch nicht mehr unsicher.

Du bist also erfolgreich und kannst eine bedrohliche oder unangenehme Situation auch gut uminterpretieren in etwas Angenehmes, Positives. Ihr Dreien scheint ja gute Modelle für andere Menschen zu sein, wie man aus Gefühlen von Angst oder Minderwertigkeit herauskommen kann, ein Modell für aktive Lebensbewältigung und Handlungsorientierung, für Erfolgreichwerden. Aber für euch selbst geht wohl die Entwicklung in eine andere Richtung: Angst spüren zu können und negative Gefühle aushalten zu können.

Kannst du noch mal beschreiben, was Entwicklung für dich bedeutet und was dir geholfen hat auf deinem Weg?
Das muss ich jetzt sehr persönlich beschreiben. Ich sehe meine Entwicklung darin, mich ein Stück anhalten zu können, was ich früher so gut wie gar nicht gemacht habe. Anhalten bedeutet, mich Dingen wirklich widmen zu können, mich auf Situationen und Menschen wirklich einstellen zu können. Früher war ich eher flatterhaft und von einem Ding zum anderen hüpfend. Ich bin ein bisschen oberflächlich über Dinge und Menschen hinweggegangen. Ich konnte mich nicht wirklich einfühlen und habe auch keinen Wert darauf gelegt. Andere Menschen, zum Beispiel mein Mann und mein Kind, haben mir dabei sehr geholfen, da musste ich einfach anhalten, ich war gezwungen dazu. Dies war für mich ein sehr schmerzlicher Prozess. Mir ging es damit nicht besonders gut. Das meine ich heute mit »Entwicklung«, dass es für mich sehr notwendig war, dass zum Beispiel ein Kind da ist, das mich zum Anhalten bringt.

Angehalten zu werden und sich mehr auf Beziehung einzulassen war wichtig. Was kann eine Nr. 3 dann erwarten, was passiert an diesem Punkt?
Da geschieht eher etwas Unangenehmes, in dem Sinne, dass du als Nr. 3 glaubst, jetzt wird dir existentiell etwas abgeschnitten, jetzt bist du fast am Sterben, weil du nicht mehr deinen normalen Rhythmus verfolgen kannst, weil du dich nicht mehr darstellen kannst, weil alle Funktionen, die andere an dir immer positiv fanden, nicht mehr vorhanden sind. Also, was bekommst du dann, wovon willst du existieren, wo ist das Futter? Es ist wirklich etwas Existentielles, was als erste Reaktion auf »Anhalten und Einlassen« passiert. Danach, denke ich, geschieht etwas Gutes.

Die Frage ist natürlich, wieso sollte jemand durch ein solches Jammertal gehen, warum sollte man sich so etwas antun, was ist die Belohnung auf der anderen Seite?
Die Belohnung auf der anderen Seite ist die Fähigkeit, tatsächlich etwas zu fühlen, wirklich echt zu fühlen. Nicht nur die Spitzen von Dingen und Gefühlen und Situationen mitzubekommen, sondern auch ein Stück Tiefe. Ich denke, dass ich da nicht sehr entwickelt bin, dass ich da nicht sehr tief bin. Aber es ist auch ein Stück Entwicklung für mich, mit Leuten zusammenzukommen, die sehr bedacht und achtsam mit Gefühlen umgehen können, und mich auf ihre Sichtweise einzulassen. Dadurch bekomme ich ganz andere Perspektiven, sehr tiefe und sehr sinnhafte

Perspektiven. Das ist die eigentliche Belohnung der Entwicklung für eine Nr. 3.

Aktivität, Effektivität, Konkurrenz, Täuschung - wie wirken sich diese grundlegenden Themen in einer Partnerschaft aus?
In meiner persönlichen Partnerschaft haben sie sich vorteilhaft gezeigt. Ich denke, ich habe mir auch nicht umsonst eine Nr. 8 als Partner genommen, weil das ja auch jemand ist, der eher dynamisch und energetisch ist und mich auch puscht, wenn ich mal gepuscht gehöre, obwohl das sicherlich nicht sehr oft vorkommt. Außerdem hat meine Partnerschaft in den äußeren, materiellen, sichtbaren Dingen auch den Anschein von Erfolg, Sicherheit. Leute sehen uns als erfolgreiches Team. Die Schwierigkeit bewerte ich mittlerweile viel höher: dass nämlich das Fühlen auf der Strecke bleibt. Wir haben inzwischen beide erkannt, dass wir uns in der Hinsicht weiterentwickeln müssen oder überhaupt erst einmal entwickeln müssen, wirklich dem anderen solche Gefühle mitzuteilen, die so ganz innendrin vielleicht endlich mal sichtbar werden für einen selber.

Der nachteilige Aspekt wäre, dass Gefühle auf der Strecke bleiben, der vorteilige wäre eine Dynamisierung, Aktivitätsorientierung, und wenn man sich einen Partner aus dem aktiven Spektrum sucht, dann könnte das ganz gut gehen.
Ja, aber mit diesen Nachteilen, die du überhaupt erst mal wahrnehmen musst, die mir früher auch nicht aufgefallen sind.

Man hat ursprünglich keine Idee oder kein Konzept, dass da etwas fehlt?
Erst mal nicht. Aber trotzdem habe ich schon früher überzufällig häufig mit Neunen zusammengearbeitet, und das hat eine ganz andere Dynamik. Da bin ich diejenige, die sie immer in den Hintern getreten hat und die sich auch gerne in den Hintern treten ließen, aber deshalb haben sie noch lange nichts getan. Die Auszahlung dieser Beziehungen für mich war, Fühlen und Sein zu lernen und einfach da zu sein, auch mal nichts zu tun, auch mal so ein bisschen was zu genießen. Den Aspekt des Genießens kenne ich allerdings auch mit der Nr. 8 in der Partnerschaft, das ist etwas, das gut geht. Genuss im Sinne von gutem Essen, Musik hören, schnelles Auto fahren, all diese Geschichten, die auch Achten genießen können, da kann ich mich gut drauf einlassen.

Was würdest du Partnern von Dreien raten?
In der Anfangsphase oder in der Entwicklung?

Vielleicht erst mal die »Hamsterpflege«. Wie ist es gut, mit euch umzugehen, wenn ihr nicht gerade dabei seid, euch zu entwickeln?
Lob ist immer gut, um mit einer Nr. 3 erst einmal in Beziehung zu treten. Lob ist gut, Anerkennung für Äußerlichkeiten auch. Hier kommt es darauf an, wie weit entwickelt die Nr. 3 ist. Ich bin heute nicht mehr so bereit, mich für irgendwelche Äußerlichkeiten loben zu lassen, das war früher so mein Ding. Heute muss es schon ein bisschen was Wichtigeres sein. Förderlich für die Beziehung zu einer Nr. 3 ist es auch, spontan und lustig und witzig zu sein und gern in der Welt sein, das ist schön mit solchen Leuten, da springe ich drauf an.

Wie wäre es mit Partnern, die auf Anhalten, Beziehung-Haben oder auf tiefen, vielleicht traurigen Gefühlen bestehen, und wenn du nicht wüsstest, dass das eigentlich zu deinem Entwicklungsprogramm gehört?
Dann gäbe es wahrscheinlich sehr viele Schwierigkeiten. Vor 10 oder 15 Jahren, kann ich mir vorstellen, hätte ich es mit so jemandem nicht ausgehalten. Ich glaube, ich wäre gegangen, es wäre zu schwierig gewesen, zu wenig effizient, wo wäre das Voranschreiten geblieben?

Es liegt ein solcher Wert für euch auf Power und Dynamik, dass es schwer ist, mit einem Partner auszukommen, der auf einem niedrigeren Energielevel fährt?
Wenn du als 3 noch nicht die Perspektive entwickelt hast, dass es noch etwas anderes gibt außer Power und Dynamik und Organisation und Management und ein »Macher sein«, dann kann ich mir wirklich nicht vorstellen, dass du mit jemandem, der eher in sich versunken, meditativ mit »Sein« beschäftigt ist, klarkommst. Ich kann mir das nicht vorstellen. Heute dagegen weiß ich: da zeigen mir Menschen, es gibt noch was anderes, und ich finde das toll und sehe es als Inspiration, als Vorteil, als Entwicklungskriterium.

Wie können dir Partner helfen, dich dahin zu entwickeln?
Indem sie selbst nicht ihren Fokus auf Dynamik legen. Positiv formuliert, indem sie sich eher mit Sein beschäftigen, sich mit Dingen befassen, die das Leben außerhalb von materiellen Bereichen ausmachen. Menschen, die sich mit sich selbst auseinandersetzen, die sich mit philosophischen Aspekten beschäftigen, das ist das, was mich heute

berührt, das sind gegenwärtig wichtige Themen für mich. Jemand, der das tut, kann mich als Modell oder Vorbild sehr unterstützen. Das tut mir gut, heute.

Kannst du uns noch etwas zum Stichwort Wahrhaftigkeit (= höherer emotionaler Aspekt) sagen?
Für mich bleibt Wahrhaftigkeit immer noch ein Aspekt meiner Entwicklung. Ich bin da noch nicht angelangt, jedenfalls nicht vollkommen. Aber über die Beschäftigung mit diesem Aspekt - und über den Mangel, den ich gespürt habe, dass so herumzuhektiken ja nicht alles sein kann - bin ich mit Wahrhaftigkeit in Berührung gekommen. Ich habe begonnen zu spüren, dass ich so, wie ich bin, richtig bin für das Universum, mit allen Macken, aber auch mit allen guten Eigenschaften. Ich habe so ein Bild für mich entwickelt: das Universum als ein Puzzle, und ich, so wie ich bin, passe da rein, mit allen schrägen, komischen, aber auch mit guten Aspekten, ich passe da rein, genau da rein.

Wie hängt das mit Wahrhaftigkeit zusammen?
Früher habe ich mehr Rollen gespielt. In den Momenten, in denen ich mit mir selbst wahrhaftiger war, habe ich mich mehr auf mich selbst eingelassen und festgestellt, dass ich auch so, wie ich bin, ins Universum hineinpasse, ohne dass ich mich zurechtbiegen muss. Meine Rollen und Masken fallen zulassen hat mir geholfen zu sehen, dass ich auch so passe.

Spielt da Hoffnung (= höherer mentaler Aspekt) eine Rolle?
Als Nr. 3 habe ich die Weltsicht: »Ich muss das Ding alleine machen.« Andere Menschen sind natürlich da und wichtig für mich, aber auf eine sehr benutzerische Weise: wenn ich sie brauche, um irgendetwas zu machen, dann nehme ich sie, und wenn ich sie dafür nicht mehr benötige, dann suche ich auch den Kontakt zu ihnen nicht. Ich bin in früheren Jahren oft sehr sorglos mit meinen Beziehungen umgegangen. Solange ich sie für irgendetwas benutzen konnte, war es gut, und danach gab es sie halt nicht mehr in meinem Leben. Das war nichts, was mich besonders berührt hat. Dass ich bereiter geworden bin, mich auf Beziehung langfristig und dadurch verbindlicher einzulassen, nicht nur, wenn ich sie für ein Projekt benötige, das hat für mich etwas mit dem Aspekt der Hoffnung zu tun. Die Hoffnung ist eigentlich, dass ich in einer Gemeinschaft bin und nicht alles in der Welt alleine machen muss, sondern dass ich in irgendeiner Form getragen werde. Es gibt

Erfahrungen dazu: ich lebe ja mit einem Kind, und ich muss das ja organisieren, weil ich so viele Dinge draußen tue, und ich habe mich einmal einfach darauf eingelassen, es nicht zu organisieren, und die Erfahrung war, dass es für mich organisiert worden ist, ohne dass ich etwas gemacht habe. Solche Erfahrungen sind für andere vielleicht selbstverständlich, für mich sind sie eher seltsam, und sie geben mir wirklich viel: ein Gefühl, dass ich es nicht alleine machen muss, dass es da irgendwo etwas gibt, das für mich sorgt, wo ich aufgehoben bin, wo ich mal nicht immer diejenige bin, die sorgen muss, sondern es wird für mich gesorgt.

In dem Dreiersystem liegt die Hoffnung in dem, was du tust; in deiner Aktivität, deiner Handlung, und alleine darin liegt sie. Im höheren Zustand der Drei ist die Hoffnung im anderen oder im Universum, »es gibt etwas, das es für mich tut«.
Ja, es gibt ein »Es«, das es macht oder auch ein »Er«, aber es wird gemacht für mich, und ich muss mich nicht nur pausenlos darum kümmern, dass ich tue, und das entlastet mich sehr. Es schafft Sinn für mich, es ist schön, angenehm, loszulassen, auch mal zu delegieren und zu denken, es geht trotzdem.

Ist das Gefühl, geliebt zu werden, leicht für dich?
Es ist ein zentrales Thema für mich, aber so, dass ich dafür ungeheuerlich arbeiten muss, sonst bin ich das nicht wert. Die ursprüngliche Weltsicht ist: »Wenn ich nichts leiste, dann kann ich nicht geliebt werden, wofür soll man mich denn lieben?« Eine bedingungslose Liebe, zum Beispiel in meiner Ehe, einfach zu glauben, dass mein Mann mich liebt, nur weil ich bin, wie ich bin, das kann ich erst relativ kurz so sehen und anerkennen. Das ist zum Beispiel auch ein Aspekt von Hoffnung, dass ich spüre, wenn ich bin wie ich bin, werde ich geliebt, und dann kommt in meine Beziehungen viel mehr Identität und Echtheit hinein.

Von Typus Nr. 3, der Person, die über Imageveränderung und Täuschung zum Erfolg und damit zu Anerkennung gelangt, kommen wir jetzt zu Typ Nr. 9. Seine Basiserfahrung ist, nicht wichtig genommen zu werden, und so hofft die Neun, über das Verschmelzen mit anderen unter gleichzeitiger Aufgabe der eigenen Wünsche, Positionen und Bedürfnisse geliebt zu werden. Als zentraler Typus der Bauchtypen hat er eine Dauerbeschäftigung mit Wut, aber paradoxerweise so: Immer, wenn sein Körper ihm Wut, eine eigene Position oder ein elementares Bedürfnis signalisieren will, schläft er sozusagen ein und narkotisiert sich selbst.

TYP NR. 9

Die Geschichte

Du, bist mit einer Gruppe von Freunden zusammen. Die Zeit zum Abendessen rückt näher, und die Frage kommt auf: »Wo sollen wir essen gehen?« Ein Freund schlägt vor: »Gehen wir doch zum Italiener.« Deine Aufmerksamkeit geht ganz darauf, wie gut italienisches Essen schmecken würde. Du willst ihm gerade zustimmen, da sagt ein anderer: »Ich mag das Olivenöl nicht, ich bleibe hier und mach mir ein Brot.« Deine Aufmerksamkeit geht nun ganz zu diesem Freund, du machst dir Sorgen, dass er ausgeschlossen werden könnte, und du fragst dich, wie du ihn wieder einbeziehen könntest, aber gleichzeitig verstehst du, dass der andere Freund so gerne italienisch essen möchte. In dieser Spannung versuchst du zu vermitteln. Wie kann ich nur beide zufrieden stellen?
Nun schlägt ein dritter Freund »chinesisch« vor. Du weißt augenblicklich, dass du das nicht willst. Du hattest gerade chinesisches Essen zum Mittag. Aber du lächelst und sagst nichts. Dann wendet sich die Gruppe dir zu und du wirst gefragt: »Und wo möchtest du essen gehen«?
Du spürst plötzlich eine innere Leere, es gibt keine Antwort für dich auf diese Frage. Sofort richtet sich stattdessen deine Aufmerksamkeit wieder auf die Interessen der anderen. Und du verspürst eine innere Traurigkeit, als ob alles, was du sagen würdest, unwichtig wäre.

Was an dieser Geschichte erscheint dir vertraut oder typisch?
Das erste, was mir typisch erscheint, ist dieses »blanking out«, diese innere Leere, wenn jemand eine direkte Frage stellt. Mein Aufmerksamkeitsfokus liegt so sehr darauf was andere Menschen wollen, dass ich, wenn einer mich fragt, was ich will, einfach keine Antwort weiß, es ist innen völlig leer, als ob ich gar nicht weiß, was ich sagen soll, da ist einfach nichts. Ich erlebe das oft so. Ich denke, dass dieses »blanking out«, wenn man nach seiner eigenen Meinung gefragt wird, allen Neunen gemeinsam ist. Es hat wohl etwas damit zu tun, dass man sich nicht selbst aktivieren kann. Etwas muss von außerhalb von einem selbst kommen, sich selbst zu aktivieren ist schwierig, da habe ich nicht genügend Übung.

Sich selbst zu aktivieren und eine eigene Meinung zu haben ist also schwierig für die Nr. 9. Können wir etwas näher beleuchten, was das so schwierig macht?
Der erste Grund dafür ist, dass meine Aufmerksamkeit wirklich auf der Meinung anderer Menschen liegt. Ich bin so fokussiert darauf, was andere Menschen denken, und wenn es dann zum Beispiel unterschiedliche Meinungen gibt, dann will ich niemandes Gefühle verletzen. Wenn ich mich der Meinung einer Person anschließe, dann könnte ich die Gefühle der anderen Person verletzen, ich möchte aber jedermann zufrieden sehen.

Es hat also einerseits damit zu tun, eine eigene Meinung zu haben und zu vertreten, aber auch die Meinung einer Person zu teilen könnte eine dritte Person verletzen?
Ja. Der zweite Grund für die Schwierigkeit, eine eigene Position zu haben, ist folgender: Wenn ich wirklich einmal eine andere Meinung als alle anderen habe, dann befürchte ich, von den anderen abgetrennt zu sein, niemand wird mich mögen, oder die Leute könnten ärgerlich auf mich sein. Es hat sehr lange gedauert, das herauszufinden, dass das mit einer sehr tiefen Furcht zu tun hat, eine eigenständige, von anderen getrennte Person zu sein.

Du hast davon gesprochen, dass deine Aufmerksamkeit immer zu den anderen Menschen geht, könntest du das ein bisschen verdeutlichen?
Ich habe beobachtet, dass meine Aufmerksamkeit immer bei der Meinung oder der Position anderer Leute liegt. Sobald jemand spricht, dann ist meine Aufmerksamkeit bei ihm oder ihr und ich vergesse mich selbst. Ich habe begonnen zu üben, das nicht zu tun, sondern zu

bemerken, wann meine Aufmerksamkeit zur anderen Person geht, und ich kann dann, indem ich tief atme, mehr zu dem zurückkommen, wo ich bin (= Entwicklungshinweis), daher bin ich nun mehr als früher imstande, meine Aufmerksamkeit zu steuern und sie nach drinnen oder nach draußen zu richten, früher war ich total beim anderen Menschen.

Wenn ich das richtig verstanden habe, dann hast du nicht einmal bemerkt, dass das der Fall war?
Ja, ich dachte, ich bin halt ein sehr guter Zuhörer und die Leute mögen es gerne, dass ich so nett bin und so gut zuhöre (= Selbstidealisierung).

Und mit etwas Übung hast du gelernt zu bemerken, wann deine Aufmerksamkeit mit jemand anderem verschmilzt, und kannst sie bis zu einem gewissen Grade nach innen und nach außen richten. Was hat dir dabei geholfen (= Entwicklungshinweis)?
Es hat mit geholfen, diesen Aufmerksamkeitsstil über das Enneagramm kennen zu lernen. Es war hilfreich, erst einmal ein Bewusstsein von diesem Stil zu entwickeln. Zuerst hörte ich das Konzept, und dann konnte ich feststellen, dass es wirklich so war, dass ich mit anderen verschmelze.
Außerdem konnte ich durch Meditation üben festzustellen, was in mir und in meinem Körper vor sich geht, und so habe ich begonnen das auch zu üben, wenn ich mit anderen Menschen zusammen bin: ich achte dann auf meinen Atem und meinen Körper und frage mich, was eigentlich in mir vor sich geht.

Du sprichst hier über die Bedeutung der Beobachtung des Atems im Zusammenhang mit Meditation. Was ist eine gute Meditationsform für dich? Welche Meditationsform hat dir geholfen, dich besser zu spüren?
Zunächst war das einmal eine so genannte »grounding meditation«, bei der du lernst, deine Aufmerksamkeit nach innen zu bringen und darauf zu richten, was in deinem Körper vor sich geht, und sie danach nach draußen zu bringen um zu sehen, was dort vor sich geht. Es ist eine sehr einfache Meditation, in der du einfach diese beiden Dinge übst.

Können wir noch mal zum Anfang zurückkehren und ein bisschen verallgemeinern, was du gesagt hast. Woran könnte jemand erkennen, dass er eine Nr. 9 ist?
Einmal daran, dass es ein Problem mit Ärger und Wut gibt. Gewöhnlich ist eine Nr. 9 nicht sehr gut im Umgang mit Wut. Wenn ich Ärger gespürt habe, dann allenfalls als das, was ich »Eltern-Ich-Ärger« nenne, wo du

allenfalls von oben herunter ärgerlich auf jemanden sein kannst, weil er in deinen Augen etwas Falsches getan hat, aber erst in der Therapie habe ich eine »Kind-Ich-Wut« festgestellt, die wirklich von innen her kommt. Als ich diese Wut zum ersten Mal verspürte, hatte ich nicht mal ein Wort dafür; was das war. Wut ist wohl sehr früh in meinem Leben unterdrückt worden. Ich beobachte das bei den meisten Neunen, dass sie ein Problem damit haben, ihre Wut zu spüren, und wenn sie sie einmal spüren, dann haben sie größte Schwierigkeiten, sie auszudrücken, weil das wiederum bedeuten würde, eine getrennte Person zu sein, andere könnten ärgerlich auf dich sein, du könntest alleine dastehen, und das ist die größte Furcht der Nr. 9.

Also würde jemand, der seinen Typ zu bestimmen versucht, nach der Abwesenheit von Wut Ausschau halten oder nach der Schwierigkeit, sie auszudrücken, weil er Angst hat, getrennt zu sein?
Ja. Und dasselbe gilt für das Thema »Nein sagen«. Neuner haben deshalb auch schreckliche Schwierigkeiten, zu Menschen nein zu sagen, die sie mögen. Das würde jemand bei sich bemerken, der eine Neun ist.

Ich habe gehört, dass der Ärger dann manchmal wie eine Explosion bei der falschen Gelegenheit entladen wird.
Ja, ich kenne Neuner, die das tun. Bei mir war das allerdings nicht der Fall.

Woran noch könnte jemand bemerken, dass er eine Nr. 9 ist?
Daran, dass du deine eigenen Prioritäten vergisst. Du willst am Morgen mit einer Sache anfangen, und dann lenkt dich irgend etwas ab, und das machst du dann, und dann lenkt dich etwas anderes ab, und du machst das, und am Ende des Tages bemerkst du, dass du komplett vergessen hast, was du ursprünglich tun wolltest. Ich bin häufig sehr beschäftigt, und dabei vergesse ich die Dinge, die ich wirklich tun will. Früher war es außerdem ein Dauergefühl von mir, unwichtig zu sein. Es ist ein Teil des Gesamtbildes. Du äußerst deine Meinung nicht, weil du denkst: das ist nicht so wichtig, niemand würde es interessieren, niemand würde es hören wollen.

Woran würde man bemerken, dass der Partner eine Nr. 9 ist?
An der Passivität, glaube ich. Die Partner von Neunern beschweren sich gerne über die Passivität der Nr. 9, die sich gewöhnlich darin zeigt, dass man eben nicht aktiv ist, wie zum Beispiel darin, eine Ferienreise nicht

mit zu planen oder nicht zu sehen, dass etwas im Haushalt saubergemacht werden muss: rumzusitzen mit einem Buch oder vor dem Fernseher, sich dabei sehr wohl zu fühlen und nicht aktiv mit den Dingen umzugehen. Partner beklagen sich darüber.
Sie bemerken auch, dass es schwierig für die Nr. 9 ist, wütend zu werden oder zu sagen, was sie nicht mag. Die Hauptsache aber, die der Partner feststellt, ist dieser Kern von Trotz. Es gibt in der Nr. 9 einen Teil, der sehr widersetzlich und trotzig ist und sich verweigert und das kommt nicht direkt, sondern indirekt heraus (= passiv-aggressives Verhalten). Partner würden sich also darüber beschweren, dass du Dinge vergisst oder nicht tust, was du zugesagt hast, oder du wirst langsam und tust Dinge nicht zu Ende, und das hat mit diesem trotzigen Teil zu tun. Einige Neunen sind sehr überangepasst und am Beginn einer Partnerschaft vielleicht so auf den Partner fokussiert, dass sie nicht ihr eigenes Leben leben, sondern ihr Leben durch den Partner leben.

Der Partner fühlt sich dann sehr komfortabel - eine Zeitlang.
Ja, eine Zeitlang, aber dann bekommt er das Gefühl: »Warum machst du denn nicht mal deine eigenen Sachen?« Andererseits kommen Neunen, die dabei sind, sich zu entwickeln, in Berührung mit diesem großen innerlichen Nein, und das Nein wird größer, und du agierst es aus, und dann beginnst du, wirklich ärgerlich zu sein, und das ist dann für den Partner auch nicht sehr schön. Also, ob du jetzt überangepasst bist oder zu allem nein sagst, keines von beiden ist dein wahres Selbst. Es ist aber ein Prozess der Entwicklung, dass du eine Zeitlang zu allem nein sagen musst, bevor du wieder einen Schritt zurückgehen kannst und dir überlegst: »Vielleicht kann ich auch jetzt mal wieder ja sagen, ohne in diese überangepasste Freundlichkeit zurückzufallen.«

Du gibst uns hier einen Hinweis auf die Entwicklungsrichtung von Nr. 9. Es wird eine Phase von offener Rebellion, Trotz, Ärger, Nein sagen und des übermäßigen Beharrens auf der eigenen Meinung geben. Das ist sicher auch wichtig zu wissen für die Partner, die die Neunen in dieser Phase aushalten müssen.
Ja, und die Neunen müssen bemerken, dass das nicht der Endpunkt der Entwicklung ist. Ich sehe das manchmal bei meinen Klienten, dass sie sich so freuen, an diesen Punkt zu gelangen, dass sie vergessen zu bemerken, dass das nicht das Ende des Prozesses ist.

Wir sagen, dass die emotionale Fixierung der Nr. 9 die Trägheit/Faulheit ist. Wie bemerkst du diese Fixierung in deinem Leben?
Früher konnte ich das gar nicht sehen, weil ich das Selbstbild habe, eine sehr aktive Person zu sein. Ich bin zum Beispiel immer sehr beschäftigt, und ich arbeite schwer. Ich habe aber dann ein bisschen weiter geschaut und gemerkt, dass Faulheit für mich beispielsweise heißt, meine Bücher zu lesen. Ich kann Stunden damit verbringen, meine Bücher zu lesen, und ich habe bemerkt, was auch immer die Tätigkeit ist, die dich träge macht, sie ist wie ein Sog, sie zieht dich an, ob es jetzt ein Buch lesen ist oder vor dem Fernseher sitzen, und es erscheint als solches Vergnügen, das zu tun. Es ist wirklich wie eine Sucht, es zieht dich dahin, es ist sehr schwer, das zu stoppen, und ich sehe, dass eine riesige Menge an Energie dahinein geht. Ich könnte meine Bücher lesen und jede einzelne Priorität, die ich habe, dabei vergessen. Alles, selbst meine Partnerschaft, ich könnte alles mit Lesen vergessen.

Es liegt also eine angenehme Verführung in einer Aktivität, die dich an deinen Prioritäten vorbeiführt oder an deinen Problemen oder Wünschen. Und man könnte das nicht leicht als Trägheit verstehen, weil es aktiv erscheint und so vergnüglich ist. Warum sollte man damit überhaupt aufhören, wo es doch so angenehm ist?
Das kommt darauf an, ob du dich entwickeln möchtest oder einfach stagnieren. Wenn du dich entwickeln willst, dann musst du bemerken, dass deine Energie in diesen Trägheitsaktivitäten feststeckt. Wenn du dich dann nicht diesen Aktivitäten hingeben würdest (= Entwicklungshinweis), das würde dann eine Menge Energie freisetzen, dich um das zu kümmern, was dir wirklich wichtig ist.

Du könntest also dein Leben recht vergnüglich verbringen und gleichzeitig stagnieren. Was können wir dann den Neunern überhaupt versprechen, was da auf der anderen Seite für sie als Gewinn herauskommen kann?
Ich kann bestimmt nicht sagen, dass ich aus diesem Verhalten völlig raus bin, aber ich glaube, am anderen Ende steht, dass sie die Energie frei hätten für ihre Prioritäten oder für Meditation oder für irgendeine andere neue Erfahrung. Ob das eine spirituelle Erfahrung ist oder eine psychologische Entwicklung, dass du mit deinem Partner besser zurechtkommst oder dass du herausfindest, was du wirklich mit deinem Leben anstellen willst. Freiwerdende Energie für das, was dir wichtig ist, das ist der Gewinn.

Mit welcher Selbstidealisierung könnte jemand vor sich verbergen, dass er eine Nr. 9 ist und durch Trägheit getrieben wird?
Wir denken über uns zunächst einmal, dass wir liebenswürdige, nette Menschen sind, freundlich, zugewandt, dass wir Menschen mögen, sehr gute Zuhörer sind, warm, liebevoll, die anderen müssen uns einfach mögen. Das sind auch gute Eigenschaften, aber wenn du dieses Selbstbild behältst, vermeidest du die andere Hälfte, dass du nämlich nicht leicht ärgerlich über etwas werden kannst oder zu jemand schlecht nein sagen oder eine eigene Meinung haben kannst.

Wie übertragen sich diese Themen denn nun in Partnerschaften?
Ich bin mit einer Nr. 1 (siehe die typische Einserdynamik) verheiratet. Er ist eine sehr aktive Person und daher natürlich oftmals ärgerlich auf mich, dass ich nicht aktiver bin, und er mag es ganz und gar nicht, dass ich da sitze und mein Buch lese. Warum mache ich nicht stattdessen die Fenster sauber, zum Beispiel. Das ist also ein Thema, an dem wir in unserer Beziehung arbeiten müssen: Wie kann ich aktiver sein und wie kann er etwas langsamer treten.

Das scheint in erster Linie typisch für eine Partnerschaft zwischen Neunen und Einsen, aber es könnte auch andere Menschen verärgern, dass du nicht aktiv genug bist. Wohingegen deine Botschaft an deinen Partner, »mach langsamer«, ebenfalls für eine Reihe von Typen eine sehr gute Botschaft sein kann.
Außerdem wollen es die Neuner bequem und harmonisch haben. Die Gefahr dabei ist, dass man beginnt, nebeneinander her zu leben, sich Tag für Tag einfach anzupassen und sich nicht wirklich mit den Dingen zu befassen. Nicht zu bemerken, dass man selbst oder der Partner über etwas unglücklich ist und dass man darüber sprechen müsste. Es ist einfach, nett zu sein, alles mitzumachen und nichts aktiv von sich aus zu tun. Wenn du in deiner Entwicklung dann mehr in die Phase kommst, wo du spürst und ausdrückst, wann du nicht einverstanden bist, dann kommt allerdings eine Zeit, in der du zu allem nein sagst, und es ist dann schwer für dich zu begreifen, dass du eine Wahl hast und auch ja zu den Dingen sagen könntest.

Welchen Rat würdest du Partnern von Neunen zur »Pflege ihres Neuner-Hamsters« geben? Wie will die Neun in Zeiten behandelt werden, wo sie nicht gerade an ihrer Veränderung arbeitet?
Es gibt eine sehr große Forderung, die wir an unsere Partner haben: total akzeptiert zu werden, wie wir sind. Das ist natürlich für den Partner

sehr schwer, weil er vielleicht diese Passivität nicht leiden kann und die Trägheit, aber das ist wirklich eine Forderung. Wir brauchen es, dass unser Partner uns zeigt: »Ich mag dich wie du bist, du bist frei, so zu sein, wie du bist.« Die Neun ist sehr allergisch dagegen, gedrängt und kontrolliert zu werden. Es ist daher hilfreich zu sagen: »Du bist frei zu tun, was du willst, ich kann dich nicht dazu bewegen, etwas zu tun, was du nicht tun willst, ich dränge dich nicht.« Das hilft eine Menge. Liebe und Streicheleinheiten und gezeigt zu bekommen, dass man wirklich geliebt wird dafür, wie man ist, das bewirkt eine Menge, sogar dahingehend, dass man sich verändern möchte. Ein weiterer Ratschlag ist folgender: Wenn ein Partner direkt nach etwas fragt oder etwas fordert, ist es schwer für die Neun, es zu geben. Wenn aber der Partner irgendwie indirekt zeigt, »ich habe dieses Bedürfnis«, dann ist die Neun sehr bereit, ihm zu geben, was er braucht. Sie will ihm helfen, Solange es sich nicht so anfühlt wie »du musst«.

Wie bist du in Arbeitsbeziehungen?
Ich arbeite heute in freier Praxis, aber früher war ich Lehrerin, und ich hatte den naiven Eindruck, dass alle mich lieben würden, und es war eine große Überraschung, dass es Leute gab, die mich nicht mochten oder die mich verletzen würden. Ich konnte das nicht glauben. Mein Selbstbild war: »Ich bin eine friedfertige und nette Person.« Wie käme also irgendwer dazu, mich nicht zu mögen? Vor Autoritäten hatte ich Respekt und zeigte Ehrerbietung, aber ich konnte nicht erkennen, ob es sich um eine gute oder eine schlechte Autorität handelte. Oder ob es vielleicht besser wäre, Angst zu haben und aufzupassen, was man erzählt.

Es war eine Überraschung für dich, dass nicht alle dich mochten? Dass einige Menschen anfangen würden, nach dem Schatten dieser »netten Person« zu suchen und finden würden, dass du irgendwie oberflächlich wärst? Dass nicht alle das mögen würden?
Ja, ich erinnere mich an meinen ersten Job, da sagte jemand: »Du kommst durch die Tür, und schon lächelst du jeden an.« Ich dachte, was ist falsch daran, »klar mache ich das.«

Spielt Trotz eine Rolle bei Arbeitsbeziehungen und wenn ja, wie?
Ja, er könnte sich als Verlangsamung äußern. Wenn ich etwas nicht tun will, dann vergesse ich es oder ich verschiebe es bis zur letzten Minute, das kann Probleme bei der Arbeit erzeugen.

Was wäre dann ein guter Rat für einen Vorgesetzten von dir?
Wiederum ist das Rezept »positive Streicheleinheiten«. Es ist so wichtig, gesagt zu bekommen, was du gut tust. Dann mache ich nämlich mehr davon und versuche, noch besser zu werden. Kritik verletzt eine unerfahrene Neun zutiefst, aber man wird es nicht direkt merken, weil die Neun es nicht zeigt. Das geht dann in den Untergrund, dann kommen der Trotz und der verborgene Ärger, der nicht ausgedrückt wird. Vielleicht bin ich dann nach außen hin sehr freundlich, aber innerlich fühle ich mich bedrängt und ärgerlich und empfinde: »Von mir wirst du gar nichts mehr kriegen.« Positive Streicheleinheiten dagegen funktionieren bei mir gut. Dann kann man von mir eine Menge bekommen.

Gibt es Ratschläge, die du Neunern geben magst, die gerade mit dem Selbststudium anfangen?
Das wichtigste ist, etwas zu tun, um in Kontakt mit deinem eigenen Körper und deinem eigenen Inneren zu kommen, damit du merkst, was in dir vorgeht. Die meisten Neunen haben wirklich keinen Kontakt mit sich selbst, und wenn du sagst: »Schau in dich hinein«, dann sehen sie da nichts und denken, da ist nichts. Als Neun brauchst du etwas, das dir hilft, deine Körperwahrnehmungen herauszufinden, das ist der erste Schritt.
Und dann ist es außerdem wichtig, das Risiko einzugehen, in der Beziehung zum Partner eine eigene, andere Meinung zu haben. Es kostet eine Menge Mut, dieses Risiko einzugehen und der Angst ins Gesicht zu schauen, die du davor hast, selbständig zu sein. Diese Angst ist nämlich so groß, dass du dich beinahe für deinen Partner aufgibst, nur wegen dieser Sicherheit und Harmonie.

Wie können wir den Neunen mit dem noch nicht erwähnten Thema ihrer Unentschiedenheit helfen?
Wir haben große Schwierigkeiten, Entscheidungen zu treffen. Die Neun weiß aber noch eher, was sie nicht will, als was sie will. Da hilft es, wenn der Partner eine Reihe von Dingen vorschlägt, zu denen wir dann sagen können: »Nein, das nicht, das auch nicht, das will ich nicht.« Durch diesen Aussonderungsprozess kann die Neun vielleicht dazu kommen rauszufinden, was sie will.

Man gibt ihnen also Wahlmöglichkeiten, auf die sie reagieren können und die sie negativ abhaken können?
Ja, die Neun ist wirklich eher eine reaktive als eine aktive Persönlichkeit. Wenn du ihnen also verschiedene Dinge vorschlägst, dann können sie auf etwas reagieren, dann sind sie nicht mehr so passiv, und das ist hilfreich.

Welche Hinweise hast du für die psychologische und spirituelle Selbstentfaltung der Neunen? Könntest du etwas über die höheren Aspekte der Neun, »Liebe« und »Handeln«, und ihre Bedeutung für dich erzählen?
Bei den meisten Neunen kann ich die Bereitschaft erkennen, bedingungslos zu lieben und Menschen anzunehmen. Aber oftmals sehen sie dies selbst nicht und so fällt für sie nichts davon ab. Für mich war der Kontakt mit Menschen, die diese Eigenschaft bei mir sehen konnten, sehr hilfreich, Menschen, die erkannt haben, dass ich eine liebenswerte Person bin, und die mir das gesagt haben. So lange, bis ich es bei mir selbst spüren konnte, bis ich wahrnehmen konnte: »Ja, ich bin eine liebenswerte Person.« Das ist ein wichtiger erster Schritt.

Andere sehen bei dir diese Qualität des bedingungslos Liebens und Akzeptierens. Das Problem ist nur, dass du diese Liebe nicht leicht auf dich beziehen kannst. Ist Liebe, wenn sie von außen kommt, für die Nr. 9 wie für einige andere Typen schwer verdaulich?
Nein. Ich konnte sie annehmen, wenn ich sie tatsächlich bekam. Ich blühe dann wirklich auf. Ich erinnere mich an jedes Mal. Immer bin ich aufgeblüht davon, wenn ich Liebe von anderen Menschen bekommen habe.

Woran erkennst du die Bedeutung des Wortes »Handeln« in deinem Leben?
Zunächst habe ich gedacht, dass es einfach das Gegenteil der Passivität oder der Trägheit wäre. Jetzt bedeutet es für mich eher, dass ich mich in Beziehung zu Menschen genügend selbst spüre, um zu bemerken, dass manchmal die richtige Handlung sein kann, nein zu sagen, nicht zuzustimmen, manchmal dagegen, doch zuzustimmen. Es bedeutet für mich, diese Wahl zu haben. Früher in meinem Leben hatte ich diese Wahl nicht, entweder habe ich mich an die anderen Menschen angepasst, oder ich habe Widerstand geleistet. Heute denke ich, dass richtiges Handeln bedeutet, die Wahl zu haben, wirklich zu sehen, dass es diesmal vielleicht besser ist, das zu tun, was

der andere will, und nicht auf meinem Weg zu bestehen oder dass es diesmal vielleicht besser ist, nein zu sagen. Ich glaube, diese Wahl zu haben, führt zu richtigem Handeln.

Siehst du eine Verbindung zwischen den Aspekten der »Liebe« und dem »richtigen Handeln«?
Ich glaube, wenn man sozusagen inmitten bedingungsloser Liebe für sich selbst und für die Menschen sitzt, dann kommt richtiges Handeln einfach natürlich aus einem hervor.

Dann könnte das eine den Zugang zum anderen ermöglichen, und du würdest dich nicht zwingen müssen, Nein sagen oder bewusstes Ja sagen zu üben. Es wäre also die Wahrnehmung bedingungsloser Liebe, worauf sich die Aufmerksamkeit der Neunen richten könnte?
Ja, ich denke in meiner eigenen Entwicklung war es wichtig, in Kontakt mit meinem Herz- und Gefühlszentrum zu kommen. Es reicht nicht aus, nur im Kontakt mit dem eigenen Ärger zu kommen. Es ist auch wichtig, wirklich in deinem Körper zu spüren, wie sich Schmerz, Trauer oder Furcht anfühlt. Jedes dieser Gefühle macht dich weicher und bringt dich mehr in Berührung mit deiner Liebe für dich selbst und für andere, und das ist ein sehr großer Schritt. Ich denke, dass die meisten Neunen das am Anfang nicht fühlen und da blockiert sind (= Entfaltung durch Stärkung des Herzzentrums).

Wir haben bislang eher über den psychischen Aspekt der Liebe gesprochen. Hast du auch Erfahrungen mit eher spirituellen Formen der Liebe?
Von dem her, was ich gelesen habe, bin ich sicher, dass das für Menschen in einem hohen spirituellen Zustand möglich ist. Und es ist sicher eines meiner Ziele, durch Meditation und spirituelle Übung an einen Punkt zu kommen, wo man diese Liebe von Gott oder diese Einheit mit allem, was ist, spüren kann. Ich habe eine Ahnung davon, wie das sein kann, aber es wäre sicher vermessen zu sagen, dass ich es oft erfahren hätte, aber manchmal hatte ich solche Erfahrungen mit Menschen. Wir hatten vielleicht etwas gemeinsam getan oder ein starkes gemeinsames emotionales Erlebnis gehabt, und plötzlich gibt es einen Blick, der soviel Mitgefühl oder Liebe ausdrückt, und vielleicht wird es auch mit Worten ausgesprochen, »ich liebe dich«, diese Momente sind so bereichernd, dass sie mir unvergesslich sind.

Von Typ Nr. 9, der Person, die sich selbst vergisst und vergessen wird, kommen wir nun zu Typ Nr. 6, dem zentralen Typus der Kopf- und Angsttypen. Seine Basiserfahrung ist, dass die Welt ein gefährlicher Platz ist und dass Menschen nicht vertrauenswürdig sind. Daher ist Angst die einzig sinnvolle Emotion, und man kann sich im Grunde nur auf die eigenen Strategien zur Gefahrenabwehr verlassen, aber auch das ist zweifelhaft. Sechsen können ihre Angst lange vor sich verbergen, wenn sie sich völlig mit ihren Angstabwehrstrategien identifiziert haben.

TYP NR. 6

Die Geschichte

Ich habe vor, mich mit einem Freund an einem neuen Einkaufszentrum zu treffen. Ich komme fünf Minuten zu früh. Wir hatten den Haupteingang als Treffpunkt vereinbart, aber ich finde heraus, dass es zwei Eingänge gibt, die wie Haupteingänge aussehen. Ich befürchte, dass ich am falschen Eingang warte und dass der Freund böse auf mich sein wird. Aber ich will auch nicht zu dem anderen Eingang gehen, weil mein Freund, so befürchte ich, dann vielleicht zu diesem Eingang hier kommen wird und wir uns verpassen, weil ich den Standort gewechselt habe.
Jetzt sollte der Freund hier sein, aber er ist noch nicht da. Ich beginne, mich zu fragen, ob es der richtige Tag ist, oder die richtige Zeit, oder das richtige Einkaufszentrum und nicht das andere neue am anderen Ende der Stadt. Panik kommt in mir auf. Ich habe nicht genug Zeit, um zu dem anderen Einkaufszentrum zu fahren, und außerdem bin ich unsicher, ob ich die Verabredung überhaupt richtig verstanden habe. Je länger ich warte, desto mehr bekomme ich Angst, dass ich am falschen Platz bin und er böse auf mich ist.

Was an dieser Geschichte erscheint dir persönlich vertraut oder typisch?
Was stark geklingelt hat ist, dass ich irgend etwas vorhabe, eine Verabredung, ein Treffen, und ich bin da angekommen und habe Zeit nachzudenken, und dann gehen alle Alarmglocken an und ich denke:

»Bin ich hier am richtigen Ort, ist es der richtige Zeitpunkt?«, und es kann sehr gut sein, dass ich mich dann noch mal aufmache und um das ganze Gebäude herumgehe, um zu schauen, ob ich nicht irgend etwas übersehen habe, ob es eventuell ein anderer Platz ist oder der falsche Eingang. Ich schaue in meinem Terminkalender noch mal nach und überlege, was ich tun könnte, wenn es sich herausstellen sollte, dass ich am falschen Platz bin. Es befällt mich dabei ein sehr, sehr unangenehmes Gefühl, eine innere Beklemmung, dass es jetzt schief geht und etwas ganz Furchtbares geschieht, ohne dass ich das Furchtbare benennen könnte. Einfach das Gefühl, es passiert etwas Schlimmes jetzt, weil ich irgend etwas falsch gemacht habe, etwas übersehen habe, nicht aufmerksam war, die Kontrolle oder den Überblick. nicht über alles gehabt habe.

Du gibst uns in ein paar Sätzen bereits eine ganze Palette von Sechserthemen. Es beginnt mit dem Thema des Zweifelns: »Bin ich hier am richtigen Platz, ist es der richtige Termin, habe ich einen Fehler gemacht?« Es geht weiter mit dem Versuch, etwas zu kontrollieren: »Wenn ich vielleicht im ganzen Supermarkt herumrenne, könnte ich es möglicherweise noch richtig hinkriegen.« Und schließlich gibt es ein Gefühl der Beklemmung, aber das ist nicht identisch mit Angst, oder ist das doch Angst?

Das Gefühl der Angst ist für mich sehr breit gefächert. Das Primäre ist für mich der Zweifel. Er bezieht sich auf den Impuls, etwas zu tun, also zum Beispiel den Impuls, irgendwo hinzugehen, und in dem Moment, in dem ich losgehe, stoppe ich mich und bleibe stehen und verharre und überlege: »War das jetzt richtig, was ich eben gemacht habe?«, das heißt, führt dieser Impuls, den ich da gehabt habe, zu keinem Schaden?« Und dann hänge ich mit diesem Impuls in mir irgendwie fest (= Handlungshemmung durch Zweifel).

Ich muss meinen spontanen Impuls also überdenken oder bezweifeln, damit ich nicht in gefährliche Situationen hineinstolpere?

Die Befürchtung ist, dass ich etwas unbedacht tue und etwas Schlimmes passiert dabei. Ich war nicht aufmerksam genug. Ich denke dann zum Beispiel: »Jetzt gehe ich die Situation noch einmal durch, beginnend mit dem Punkt, wo ich die Verabredung ausgemacht habe. Ich habe den Termin vielleicht nur im Kopf gehabt. Warum habe ich ihn mir nicht aufgeschrieben, warum haben wir den Treffpunkt nicht genauer bezeichnet? Dass ich es vielleicht vergessen habe. Ich zweifle auch meine eigene Erinnerung an, und wenn sich das Karussell oft genug um diese Erinnerung gedreht hat, dann ist sie meistens auch schon so sehr in Frage gestellt, dass ich es wirklich nicht mehr weiß, und damit ist dann das Gefühl bestätigt, dass ich nicht genug aufgepasst habe. Oder ich habe es vielleicht dem anderen nicht richtig gesagt oder ich habe nicht richtig zugehört, der hat möglicherweise etwas ganz anderes gemeint, als ich es verstanden habe. Die Palette dessen, was da schief gehen könnte, ist für mich unheimlich groß.«

Du lebst dann ja in einer bröckeligen Welt, in der alles jederzeit zusammenbrechen könnte?
Ja, die Welt ist bröckelig. Das ist meine Vorstellung.

Ich höre von dir, dass du dich selbst stark bezweifelst, spielen auch Zweifel an anderen eine Rolle?
Ja, das ist fast das Wichtigere. Wenn ich sehr weit zurückgehe, wo ich mir über diesen Mechanismus noch nicht sehr bewusst war, da waren es eigentlich die anderen, die ich bezweifelt habe, die mir nicht vertrauenswürdig und als unzuverlässig erschienen sind. Es war mir »klar«, dass die anderen hinten nicht so sind, wie sie vorne herum tun. Manchmal nicht unbedingt aus Heimtücke oder aus Absicht, sondern weil sie vielleicht nicht genug über sich wissen, das war meine Phantasie.

Also nicht aus Bosheit, sondern aus Dummheit. Aber deine Haltung war nicht: »ich bezweifle deine schöne Vorderfront«, sondern eher: »Es ist klar, dass du hinter der schönen Fassade etwas anderes, Finsteres hast, was du vielleicht selbst nicht kennst«?
Wie das Gegenüber jetzt ist, ist ja schön und gut, aber lass uns abwarten, wie es wird, wenn er Stress bekommt und die Situation unangenehm wird. Ich hatte da immer den sehnlichsten Wunsch, einen Freund zu haben, mit dem man wirklich schlimme Sachen durch gestanden und gesehen hat, der hat standgehalten, es ist nichts passiert, er ist nicht weggebröckelt, denn dann kann sich Vertrauen entwickeln.

Solange man mit jemandem noch nicht schreckliche Situationen durchgestanden hat, weiß man nicht, was hinter der Fassade ist, und die Beziehung ist im Grunde nicht vertrauenswürdig, weil man immer noch bezweifeln kann, was sonst noch passieren könnte?
Zeit ist ein wichtiger Faktor, um zu sehen, wie ist der Mensch in allen Facetten. Was man zuerst und an der Oberfläche präsentiert bekommt,

ist eigentlich das Unwichtigste. Es interessiert einen als Nr. 6 nicht besonders.

In einer bröckeligen Welt, mit Menschen, die sich unter Stress in unvorhersagbare Gefahren verwandeln können, da ist es sicherlich wichtig, ständig wach und aufmerksam zu sein?
Die Wachheit bezieht sich auf das nach außen Schauen: »Was ist da los, welche Gefahren sind da?« Ich habe mittlerweile gemerkt, dass sich diese Wachheit mit Projektionen vermischt. Was ich früher für Aufmerksamkeit, Wachheit und Ausblick nach Gefahren gehalten habe, entpuppt sich langsam als die eigene Projektionsmaschine. Ich sehe irgendwo am Boden etwas Rutschiges liegen, und in dem Moment geht der Film ab, wie ich da drauf trete und ausrutsche und hinfalle und mir etwas breche. Das läuft sehr automatisch ab.

Du siehst eher deinen eigenen gefährlichen Film, als wach wahrzunehmen, was tatsächlich da draußen passiert?
Ich sehe etwas, nehme es wahr, und dann stelle ich mir vor, es könnte etwas passieren. Dass da etwas am Boden liegt, ist real, und die Vorstellung, was könnte passieren, wer könnte morgen kommen und hier drüber stolpern, an dem Punkt hört es dann auf, real zu sein.

Du hast von den vielfältigen Versionen von Angst gesprochen, die du kennst. Angst ist fast so ein Tagesgeschäft bei dir. Wie unterscheidest du die phobische von der kontraphobischen Form des Umgangs mit Angst?
Ich selbst bin eine kontraphobische Nr. 6. Früher war es so, dass ich all das, was mir Angst gemacht hat, dass ich genau das machen musste. Ich habe sehr intensiv eine sehr harte Form von Kampfsport betrieben. Ich hatte immer wahnsinnig Angst davor, kämpfen zu müssen. Ich musste es aber immer wieder machen, weil ich die Gewissheit haben musste, dass ich das überstehe, dass ich da bestehen kann. Und wenn ich es getan habe, dann ist eine gewisse Zeit lang Ruhe, bis die Angstvorstellung wieder zu arg wird, dann muss es wieder sein.
Heute erlebe ich mehr die phobische Form. Das bedeutet, dass ich viele Dinge, die mir Angst machen, einfach nicht mehr tun kann, auch wenn sie vielleicht ungefährlich sind. Da mache ich einen Riesenbogen drum, und ich vermeide sie, wo es geht.

Könntest du etwas zum Umgang der Nr. 6 mit Erfolg und Misserfolg sagen?
Erfolg ist etwas ganz ganz Schwieriges. Ich habe so ein schwarzes Loch für Erfolg. Da tu ich alle Erfolge hinein. Die werden unmittelbar weggemacht, die verschwinden, erscheinen nicht als Erfolge. Schwierig am Erfolg ist, dass hinter jedem Erfolg so viele Dinge stehen, die nicht hundertprozentig sicher sind, jedenfalls nicht so sicher wie sie sein sollten. So viele Unwägbarkeiten, die noch schief gehen könnten, und wenn ich Erfolg habe, richtet sich der größte Teil meiner Aufmerksamkeit auf das, was jetzt doch noch schief gehen könnte. Also, wenn ich an einem Punkt bin, den andere vielleicht als Erfolg bezeichnen würden, dann sage ich: »Bis hierhin ist es gutgegangen, und es funktioniert auch recht fein, aber was kommt danach?« Misserfolg dagegen ist das Normalste von der Welt. Er entspricht meinen negativen Vorahnungen. Dass die Dinge schief gehen ist im Plan vorhanden. Von daher gibt es für diesen Fall immer einen Plan b, c, und d. Ich hab's erwartet, dann kann ich damit umgehen. Kritik zum Beispiel trifft mich dann nicht so hart, weil: »Ich hab's ja gewusst.«

Zusammengefasst: Woran würde jemand erkennen, dass er eine Nr. 6 ist?
Wenn es schwer fällt, vom Planen zum Handeln zu kommen, in der Weise, dass der Plan immer wieder überdacht wird und der Schritt zum »Jetzt tu ich es« immer aufs Neue vom wiederholten Überdenken des Plans auf mögliche Fehler hin verhindert wird, dann ist das ein gutes Zeichen dafür, dass man eine Nr. 6 sein könnte. Es ist ähnlich wie bei der Nr. 1, aber während die Nr. 1 fragen würde: »Ist es meinen eigenen Standards gegenüber richtig, und könnte es auch besser sein?«, ist meine Motivation eher: »Ist dies etwas, das schief laufen und hinterher zu einem üblen Schaden führen könnte, für mich selbst, für ein Projekt oder für denjenigen, für den ich es tue?«
Der Umgang mit spontanen Impulsen ist schwierig. Man geht zum Beispiel los und stoppt nach zwei Schritten und läuft zurück, um etwas anderes zu machen, was jetzt im Moment wichtiger, das heißt ungefährlicher erscheint, das ist ein entscheidender Punkt, den ich auch immer noch bei mir beobachte.
Außerdem könnte man feststellen, dass man eine Nr. 6 ist, wenn man die Umgebung nach Gefahren »abscannt«, das heißt beobachtet, was in der Umgebung an Gefährlichem oder Unsicherem ist. Oder die Themen von Angst und Zweifel mit sich herumträgt, obwohl ich das am Beginn meines Weges gar nicht als, Punkte hätte benennen können.

Woran könnte man bemerken, dass der Partner eine Nr. 6 ist?
Daran, dass er die Dinge, die er macht, sehr sicher machen will. Daran, dass er sehr lange plant, wenn er etwas machen will, und dann ungern von dem Geplanten abweicht. Vielleicht sogar Stress bekommt, wenn dann plötzlich etwas anders läuft als geplant.

Wie machen sich diese Themen, von denen wir gehört haben, in Beziehungen bemerkbar?
Zunächst möchte ich etwas über Arbeitsbeziehungen sagen. Wichtig ist hier der Umgang mit Autoritäten und Chefs. Der Umgang mit meinem Chef hat für mich sehr lange zu den schwierigsten Dingen gehört. Auf der einen Seite habe ich bemerkt, dass ich einen sehr vertrauenswürdigen Vorgesetzten suche. Je näher andererseits diese Beziehung wurde, desto mehr habe ich Zweifel bekommen. Ich habe begonnen, seine möglichen Schwächen und Ungereimtheiten zu bemerken. Ich habe sie dann in meiner Phantasie vergrößert und angefangen, ihn zu bezweifeln. Ich habe auch versucht, ihn abzusägen oder bloß zustellen. Das ist so ein Hin und Her: Auf der einen Seite ist da so eine Sehnsucht, jemanden vertrauenswürdigen als Chef zu haben, auch eine vertrauenswürdige Hierarchie, auf der anderen Seite ist der heftige Zweifel daran. Ich arbeite in einer sehr konservativen Firma mit sehr ausgeprägter Hierarchie. Das gibt einerseits Sicherheit, andererseits ist es ein sehr starker Unsicherheitsfaktor, weil ich nicht alle Regelkreise durchblicke.
Wenn ich dagegen der Vorgesetzte bin, habe ich festgestellt, dass ich hin und her schwanke. Einerseits bin ich sehr streng, hart korrigierend, genau auf Regeln achtend und setze Dinge durch. Auf der anderen Seite bin ich schwankend, sehr locker, und lasse Leute machen, was sie wollen. Es fällt mir sehr schwer, einen Mittelweg zu finden. Die Strenge kommt aus der Angst heraus, dass ich als Vorgesetzter nicht akzeptiert werde. Das Lockere aus der Angst heraus, nicht so arg zu dominieren, damit ich keine Schwierigkeiten mit denen kriege.

Wie könnte deine Tendenz, Vorgesetzte zu bezweifeln, dich in Schwierigkeiten bringen?
Ich habe oft das Bedürfnis gehabt, mich beim nächsthöheren Vorgesetzten zu vergewissern, ob eine Sache noch in Ordnung ist. Es kann sein, dass das zu einer schlechten Resonanz beim direkten Vorgesetzten führt:(»Was redet der da beim übernächsten Vorgesetzten über mich?«). Eine weitere Schwierigkeit ist, dass ich soviel Angst habe, wenn zum Beispiel der Vorgesetzte weg ist und die Dinge

dann plötzlich anders laufen, als sie geplant waren, oder die Dinge unklar hinterlassen wurden von dem Vorgesetzten. Das hat mir selbst sehr viele Schwierigkeiten bereitet.

Welchen Rat würdest du jemandem geben, der mit einer Nr. 6 als Boss oder Untergebenen zu tun hat?
Die Zweifel, die ein Boss oder Angestellter des Typs Nr. 6 haben, ernst zu nehmen, als etwas, das passieren kann. Stattdessen die Zweifel oder Bedenken runterzumachen, das macht einen in den Augen der Nr. 6 unglaubwürdig, es würde auch Ärger hervorrufen: »Also, verdammt noch mal, für mich ist das aber so, dass etwas Schlimmes passieren kann.«

Das ist meine Weitsicht, und für mich sind diese Gefahren real?
Ja, und ich will von dir wissen, wo du stehst, wenn das und das passiert. Trägst du es mit oder trägst du es nicht mit. Ich will, dass du zur Kenntnis nimmst, dass ich denke, es könnte etwas passieren, und wenn du es zur Kenntnis nimmst, ist es gut. Dann kann ich es auch lassen, und wir können zur Tat schreiten.

Angst, Zweifel, Misstrauen, wie geht das in privaten Beziehungen?
Ich selbst habe eine Beziehung zu einer Nr. 6, bin verheiratet seit ein paar Jahren. Das Schwierigste für mich zu lernen war, nicht ständig zu schauen, was mit dem anderen ist, was hat er für schlechte Intentionen, hat er was auszusetzen an dem, was ich mache, ist er misstrauisch, ärgerlich, meint er das, was er sagt. Stattdessen die Aufmerksamkeit bei mir selbst zu halten und einfach zu sehen, was ist mit mir. Das ernst zu nehmen, was meine Partnerin gesagt hat, und nicht dann doch was anderes zu tun aus Zweifel heraus, dass sie es doch nicht so gemeint hat.

Der Hinweis für die Nr. 6 wäre dann, beim Partner einmal auch die Oberfläche dessen, was er sagt, zu akzeptieren und das nicht zu hinterfragen und nicht auf Grund des Hinterfragten zu handeln. Welche »Pflegehinweise« gäbe es für die Partner der Nr. 6, damit die Beziehung gut läuft?
Wichtig ist, die Nr. 6 mit allen Zweifeln ernst zu nehmen. Der Partner sollte sagen: »Okay, jetzt geht es dir eben so« und es der Sechs nicht ausreden wollen. Ich weiß, dass dies für den Partner oft sehr lästig ist: »Jetzt kommt meine Sechs wieder mit ihren Zweifeln«, aber es ist sehr erleichternd, wenn die Zweifel ausgehalten werden. Ein weiterer,

extrem wichtiger Punkt ist Offenheit: dass der Partner zur Nr. 6 sagt: »So geht es mir jetzt mit dir«, so dass ich nicht ständig damit befasst sein muss, hinter die nette Vorderfront zu sehen.
Sehr gut sind auch gemeinsame Routinen, die man zusammen entwickelt hat und von denen nicht unangekündigt abgewichen werden sollte, selbst wenn es nett gemeint ist. Pläne klar durchzusprechen, sich dann auch an die Punkte zu halten, weil Verlässlichkeit so wichtig ist. Wichtig sind außerdem gemeinsame Vergnügungen. Diese erscheinen mir als Nr. 6 zunächst als Pflichtübungen. Wenn ich daran teilnehme, macht es mir dann doch Spaß, aber bis es soweit ist, fühlt es sich eher unangenehm an, wie eine Abschlussprüfung.
In meiner Ehe hat es sich bei Auseinandersetzungen als sehr gut erwiesen, sich frühzeitig zu trennen, die Tür zuzumachen, sich irgendwo hinzusetzen, irgendwann hört es dann auch wieder auf. Es war gut, Zeichen zu vereinbaren, wenn es wieder Entwarnung gibt. Ein Ritual zu haben, sich zurückzuziehen, wenn die Paranoia durchknallt, und dass der Partner dann sehen kann: »Na gut, das muss der Sechser-Partner jetzt für sich machen.«

Was hat dir bei deiner persönlichen Entwicklung geholfen, was waren Entwicklungsrichtungen, und was würde man einer Nr. 6, die sich entwickeln will, raten können?
Im nachhinein war ein wichtiger Entwicklungspunkt für mich der Kampfsport gewesen, allerdings nicht in der erhofften Weise, dass ich ein »unbesiegbarer Kung-Fu-Kämpfer« geworden wäre, sondern in der Weise, dass ich dadurch Kontakt mit meinem Körper bekommen habe. Deswegen würde ich auch keiner Nr. 6, die das zur Persönlichkeitsentwicklung machen möchte, zu einem harten Kampfsport raten. Der bestätigt eher das Gefühl, sich in gefährlicher Welt verteidigen zu müssen. Eher eine weichere Form, vielleicht Tai Chi oder Aikido, irgendetwas, das hilft, Kontakt mit dem Körper zu bekommen. Der Kontakt mit dem Körper löst den Zweifel.

Der Zweifel und die ganze Angstwelt scheinen ja vom Kopf her, vom Mentalen her produziert zu werden. Das »In-den-Körper-Gehen« ist dann ein Ausweg, das bringt einen davon weg?
Ja. Ein sehr wichtiger Punkt war für mich, diese mentale Bezweiflungsmaschine als solche wahrzunehmen als etwas, das von mir selbst kommt. Nicht der andere Mensch ist unzuverlässig, sondern ich male ihn oder fertige ihn in meiner Vorstellung als unzuverlässig.

Darüber hinaus ist ein wichtiger Punkt, freundlich mit mir selbst zu sein, wenn ich wieder mein »Ding« gemacht habe. Mich nicht noch selbst damit runterzumachen. Auch wenn man wieder einmal sein »Ding« gemacht hat, die emotionale Fixierung hochgekocht ist, ich zum Beispiel meine Partnerin angezweifelt habe (»mit dir ist doch irgend etwas, du bist doch wütend auf mich«). Wenn das dann so real wird, weil man sich reinsteigert, man wütend wird, es aber nicht merkt, dann dem anderen Wut vorwirft usw. Das zu bemerken und sich dann bis zu einem gewissen Grad nebendranstellen zu können und es zu beobachten, wäre wünschenswert. Es gelingt aber in den seltensten Fällen. Aber wenigstens kann man zu sich verzeihend sagen: »Hast es halt wieder gemacht, o. k.«
Es ist ganz wichtig, dass man lernt, eine gewisse Beobachterhaltung einzunehmen, das heißt, einen bestimmten Punkt aus dem eigenen Bewusstsein abzuspalten, der bemerkt, dass jetzt eine meiner 6-er Automatismen wieder läuft. Dann hat man eine gewisse Chance, abzuspringen.

Ich habe von anderen Sechsern gehört, dass gegen die Angst manchmal gar keine Technik oder Strategie hilft. Dass man an einen Punkt kommt, wo man sagen muss: »Ja, ich habe Angst.« Dass Angst eine körperliche Komponente hat und dass es wichtig sei, in die Angst hineinzugehen, bis sie körperlich erfahren wird?
An diesem Punkt arbeite ich gerade: die Angst zu spüren, sie auszuhalten. Ich habe so viele Mechanismen, es mir in meiner gefährlichen Welt sicher zu machen. Ich habe aber die Erfahrung gemacht, dass es für mich wichtig ist, die Angst zu spüren, sozusagen darauf sitzen zu bleiben und zu sagen: »Das ist Angst, was da jetzt hochkommt« und es nicht auszuagieren oder »sicher« zu machen.

Die höheren Zustände der Nr. 6 sind Mut und Glaube. Wie machen sie sich in deinem Leben bemerkbar, und was hilft dir, sie zu erreichen?
Für mich ist Mut in erster Linie das Gefühl, die Angst auszuhalten und die ganzen Abwehrhandlungen wegzulassen, die die Angst kleiner machen sollen. Auch Mut, mich dem Ganzen zu überlassen, also zu sehen, dass es Dinge gibt, die ich nicht in der Hand habe, nicht sicherheitstechnisch abklopfen kann, sondern laufen lassen muss. Ich muss den Leuten, die etwas für mich tun vertrauen, dass sie es auch gut tun (= Glaube). Darüber hinaus ist Glaube ist für mich ein schwieriger Punkt. Es ist ein weniger klares Thema für mich im Moment.

Vielleicht Glaube an etwas, das größer ist als ich, das an mich glaubt?
Ich kenne es von den A-Gruppen her (Anonyme Selbsthilfegruppen, zum Beispiel die Anonymen Alkoholiker), dass sie an eine Macht glauben, die größer ist als sie. Da fängt es aber an, problematisch zu werden. Wie vertrauenswürdig ist diese Macht? Es ist irgendwie ein Knackpunkt, daran zu glauben, dass es eine Macht gibt, die größer ist als ich und die diesen Planeten zusammenhält und dafür sorgt, dass ich zu essen bekomme und dass der Boden unter den Füßen da bleibt, wo er ist. Glaube ist ein schwieriges Konzept. Ich glaube an das, was ich sehe, aber ich sehe nur, was ich sehen will. So schaue ich mir Nachrichten an von Kriegsereignissen in der Welt. Die sehen sehr real aus, und es kommt mir nicht vor, als wäre die Welt sehr sicher.

Etwas, das wir ausgelassen haben?
Vielleicht die Vorzüge der Sechser. Ich habe den Eindruck, dass die Sechser im Enneagramm ein sehr schlechtes Ansehen haben. Es ist mir daher wichtig, auch Vorzüge zu präsentieren. Sechsen sind gut im Vorausahnen von Gefahren und Fehlern. Was mir zum Beispiel sehr viel Freude bereitet, ist, im technischen Bereich die Fehler zu suchen, und wenn die technischen Probleme sehr schwierig sind, macht es mir besonders viel Spaß.

Von Typ Nr. 6, dem letzten der drei Zentraltypen, der die Welt durch Vorausbezweifeln sicher machen möchte und gerade dadurch gefährlich färbt, kommen wir nun zu den Variationen dieser Typen. Wir beginnen mit Typ 1, einem Bauch- und Wuttypus. Mit der Basiserfahrung, für Fehler kritisiert worden zu sein, bemüht er sich, alles richtig zu machen und ein guter Junge, ein gutes Mädchen zu sein, indem er sich und die Welt nun seinerseits kritisiert, seine Impulse zwar spürt, aber sie immer wieder auf halber Strecke unterdrückt und sich unentwegt fragt: Wie ist das hier richtig? Wie ist das hier falsch?

TYP NR. 1

Die Geschichte

Ich gehe zu einem neuen Kurs. Ich kenne niemanden der Anwesenden. Ich bin auch nicht sicher, ob ich sie kennen lernen möchte. Was mache ich hier? Ich verschwende meine Zeit und mein Geld. Ich frage mich, ob sich irgendjemand hier schon mit dem Thema befasst hat. Ich wette: alle. Sie sind vermutlich bereits Experten auf dem Gebiet. Ich weiß, ich habe das Buch gelesen, aber eigentlich hätte ich es noch mal lesen sollen. Zumindest hätte ich bessere Notizen machen sollen.

Kann ich diesen Lehrstoff jemals lernen? Es gibt so vieles, was gelernt werden muss. Wie soll ich das jemals richtig lernen? Was muss ich tun, um eine sehr gute Bewertung zu bekommen? Ich frage mich, wie ich gekleidet sein muss. Sind Jeans in Ordnung? Oh, er da drüben trägt einen Anzug. Ich frage mich, ob ich nicht besser etwas förmlicher angezogen wäre. Es gibt hier eine Kleiderordnung, nicht wahr? Ah, da ist jemand in Jeans. Gut, so breche zumindest nicht alle Regeln.

Wo sollte ich sitzen? Ich könnte hinten sitzen, wo man mich nicht aufrufen wird. Das wäre gut, ich hasse es nämlich, eine Antwort nicht zu wissen und dass die Leute denken, ich wäre blöd. Oder vielleicht sollte ich ganz vorne sitzen, damit ich Fragen stellen kann. Ich muss dieses Material lernen. Es ist wichtig. Aber ich will auch nicht, dass jemand denkt, ich würde drängeln. Manchmal halten sie mich für kritisch, wo ich mich doch nur bemühe, alle Einzelheiten richtig zu stellen und zu verstehen.

O hör dir diesen Lehrer an. Kaum zu glauben, wie unorganisiert er ist. Er hätte sich besser vorbereiten sollen. Er vergeudet meine Zeit. Ich habe viel Geld für diesen Kurs bezahlt. Er sollte seine Schüler mehr respektieren, indem er sich besser vorbereitet. Da hätte ich ja einen besseren Unterricht gemacht. Vielleicht sollte ich gehen. Das macht mich wirklich ärgerlich.

Was war dir an dieser Geschichte vertraut?

Schon der Anfang war mir vertraut. Wenn ich mich nach kürzerem Hin und Her zu etwas entscheide, dann möchte ich es richtig und gut machen. Ich überlege mir dann schon im Vorhinein, was ich alles brauche, wie ich mich unter den gegebenen Umständen mit den gegebenen Mitteln vorbereiten kann, zum Beispiel durch Bücherlesen oder indem ich mich mit jemandem unterhalte, damit ich einen gewissen Fundus habe, wenn ich dann da hin gehe, und nicht ganz so blank dastehe.

Und »einen gewissen Fundus« zu haben heißt nicht einfach, einmal ein bisschen ein Buch durchgeblättert zu haben?
O nein, es heißt, es mindestens gut durchgelesen zu haben, oder auch noch ein zweites Mal gelesen zu haben.

Was ist der Grund dafür?
Wenn ich schon etwas mache und viel Zeit, viel Geld und viel Engagement hineinstecke, dann möchte ich es auch richtig machen.

Es richtig machen wollen, ist das etwas Typisches für die Nr. 1?
Ja, ich denke schon, für mich zumindest schon. Ja, wenn, dann möchte ich es ganz machen und genau machen und möglichst perfekt.

Richtig machen, genau machen, perfekt machen, das scheinst du bei dir zu kennen. Woran noch würde jemand merken, dass er oder sie eine Nr. 1 ist?
Daran, dass mir gleich auffällt, wenn etwas unordentlich aussieht, unordentlich ist oder keine Struktur da ist, das kenne ich häufig, zum Beispiel bei Seminarleitern, wenn einer in einer bestimmten Position ist und unstrukturiert auf mich wirkt.

Welches Gefühl kommt dann hoch, wenn jemand unstrukturiert ist oder nicht so gut vorbereitet erscheint?
Dann kommt schon ein Ärger hoch, ich bin dann ärgerlich. Warum macht er seinen Job nicht besser?

Der Ärger ist: »Warum macht er seinen Job nicht besser?« Gibt es auch einen selbstkritischen Ärger: »Warum mache ich meinen Job nicht besser?«
Ja, dieser Ärger steht sogar sehr im Vordergrund. Wenn etwas nicht so läuft bei mir oder mich vielleicht jemand korrigiert: »Das hättest du so und so machen sollen«, dann ist das fast schon zuviel, weil ich nun merke, dass ich ertappt worden bin. Eigentlich wusste ich es selbst ja schon vorher, und jetzt sagt mir noch jemand: »Das war nicht in Ordnung, du hättest es besser machen können.«

Woran noch könnte jemand erkennen, dass er eine Nr. 1 ist?
Wenn ich jetzt von mir aus gehe: Einsen brauchen eine gewisse Struktur und Pläne und eine gewisse Kontrolle darüber. Ich zum Beispiel meine, ich müsste alles mitbekommen und überschauen können. Ich kann es dann auch gut organisieren, zum Beispiel einen Tagesablauf, das gibt für mich so einen Anhaltspunkt: das und das mache ich heute. Am Tagesende kann ich dann abhaken, was ich getan habe, und das ist für mich sogar eine gewisse Befriedigung.

Das Abhaken »das ist getan« ist befriedigend?
Ja. Und die Dinge werden nicht lange aufgeschoben, sondern wenn sie dran sind, werden sie gemacht. Und lieber erledige ich sie schon vorher, als dass ich sie auf die lange Bank schiebe, nach dem Motto, was getan ist, ist getan, »was du heute kannst besorgen, das verschiebe nicht auf morgen«.

Es muss eine Nr. 1 gewesen sein, die das gesagt hat. Wir haben nun den Ärger und den Groll (= mentale und emotionale Fixierung) angesprochen, der dich begleitet, wenn etwas nicht richtig gelaufen ist, jemand einen Fehler gemacht hat oder du selbst etwas nicht richtig gemacht hast.
Wenn andere einen Fehler begehen oder etwas nicht richtig machen, dann kann ich das zwar bemerken, aber ich kann da sehr schnell verzeihen, und es ist sogar etwas entlastend zu sehen, anderen geht es auch nicht besser, denen passieren ebenfalls Fehler, und dann ist es nicht so schlimm, wenn mir auch Fehler unterlaufen.

Woran könnten andere Menschen bemerken, dass ihr Partner eine Nr. 1 ist?
Daran, dass man auf Fehler aufmerksam gemacht wird oder gesagt bekommt, »da stimmt was nicht«, am Korrigiertwerden. Auch daran, dass großer Wert auf das Äußere gelegt wird, dass zur entsprechenden Gelegenheit oder zum entsprechenden Zeitpunkt auch das Passende angezogen werden muss. Darauf verwendet eine Nr. 1 sehr viel Zeit: »Bin ich jetzt richtig angezogen, was ziehe ich morgen in die Schule an?«, das sind Dinge, die viel Platz einnehmen. Daran kann ich Einsen oft erkennen.

Ist die Polarität richtig - falsch generell von großer Bedeutung für dich?
Ja, ich ertappe mich immer wieder dabei. Schon in meinem Vokabular sind »richtig« und »falsch« ganz häufig vorhanden. Und oft sage ich zu

mir oder anderen: »Das war jetzt richtig so oder gut so«, und gerade bei Entscheidungen ist die Frage: »Ist das richtig oder falsch?« der bestimmende Faktor für die Entscheidung. Ist es zum Beispiel richtig oder falsch, nochmals eine Ausbildung zu machen und noch mal Zeit und Geld zu investieren? Und dann zu fragen: »Warum ist das richtig und wie reagiert die Umgebung darauf?«, damit ich nicht als jemand dastehe, dem egal ist, was der andere von einem denkt.

Es klingt, als ob die Meinung der anderen sehr wichtig wäre?
Früher war das extrem wichtig, heute kann ich da schon lockerer darüber hinwegsehen.

Ich habe gehört, Einser hätten eher eigene innere Standards: Zwar scheint mir die Meinung der anderen wichtig zu sein, aber im Grunde sind es meine eigenen Standards, an denen ich messe, ob etwas richtig oder falsch ist?
Es kommt darauf an, auch die Standards der anderen sind ganz schön wichtig, und dann geht es in den Vergleich, wo sind meine Standards und welche bekommen eine größere Bedeutung.

Du sagst, Entscheidungen fallen schwer. Das würden Sechsen und Neunen zum Beispiel auch sagen. Wie unterscheiden sich da die Einsen?
Ich denke, eine Nr. 1 weiß schon recht schnell, was sie will. Die Frage ist dann aber immer, ob sie sich das zugesteht, zu tun, was sie will, ob sie es sich erlaubt oder nicht erlaubt.

Das wäre zum Beispiel eine Abgrenzung zur Nr. 9. Der Impuls, etwas zu wollen, ist schon relativ deutlich spürbar, und dann gibt es die Frage, erlaube ich mir das oder verbiete ich mir das. Der Impuls kommt immer so halbwegs hoch, und dann wird er abgedeckelt.
Der Impuls ist spontan da, soll ich ein Beispiel nennen? An Weihnachten hatte ich diesen Impuls, noch eine Ausbildung zur Lehrkraft in meinem Gebiet zu machen. Diese Idee bekam immer mehr Raum in mir, und ich habe mich gefragt: »Warum erst nächstes Jahr und nicht schon dieses Jahr?« Dann habe ich mich informiert und alles angeleiert, was ich dazu brauche, und Gespräche geführt, um meine Entscheidung für Ja oder Nein zu festigen, und dann habe ich auch jemanden gefragt, der die Ausbildung gemacht hat, wie siehst du das, wie viel Zeit brauche ich dazu, und wie schätzt du die Qualität der Ausbildung ein, was nutzt sie und was bringt sie. Und ich habe das dann abgewogen: Wie gut

kann ich das gebrauchen für meinen Job. Ich habe gedacht, für mich ist das im Moment wichtig. Für den Beruf, den ich momentan ausübe, brauche ich noch eine pädagogische und psychologische Ausbildung, um meinen Unterricht noch besser zu machen, und dieses Ziel ist jetzt so stark in mir, dass ich Zeit und Geld investiere, dass ich anderes, auch Privates zurückstecke, um mich an diesem Punkt noch einmal weiterzubilden.

Wir sprachen gerade von inneren Impulsen und sind irgendwie bei dem Impuls, dich zu verbessern, gelandet.
Das war jetzt typisch. Vom inneren Impuls dazu zu kommen, es gut machen zu wollen. Ich möchte halt da, wo ich jetzt stehe, die Arbeit, die ich jetzt tue, so gut wie möglich machen. Das ist der größte Impuls bei Einsen, ein Riesenmotivator. Andere Impulse verblassen dagegen.

Jetzt kommen wir zu einem etwas kompliziert erscheinenden Thema. Wir sagen, die mentalen und emotionalen Fixierungen bei Einsern sind Wut und Groll. Aber auch die Vermeidung ist Wut. Wie passt das zusammen?
Schon die Annahme, dass die emotionale Fixierung Wut sein soll, hat mich anfänglich verwirrt. ich habe eine Zeit gebraucht, um zu verstehen, dass sich das alles um Wut dreht. Zuerst habe ich gedacht: »Wut, das kenne ich überhaupt nicht«. Als ich mich dann näher mit der Materie beschäftigt habe, habe ich schon da und dort bemerkt, dass es Punkte in mir gibt, die ich als Wut oder Ärger bezeichnen kann. Es kommt Ärger hoch, wenn ich bestimmte Vorstellungen von mir oder von anderen habe, was zu tun ist oder wie man sich verhalten soll, und wenn es dann nicht passiert, dann kann ich die Wut kriegen.

Wenn deine Vorstellungen, wie es richtig zu sein hat, nicht eingehalten werden, dann kriegst du die Wut?
Ja, oder wenn ich in meiner Freiheit oder dem, was ich möchte, eingeschränkt werde, und jemand mir das ohne plausiblen Grund einfach verkündet, da kommt auch Wut in mir hoch.

Weil du freiheitsliebend bist oder weil der andere keinen plausiblen Grund hat?
Weil ich freiheitsliebend bin und gerne an mich denke, wie kann ich vorwärts kommen, wie kann ich mich entwickeln, wie kann ich zu meinem Ziel kommen, wie kann ich noch besser werden.

Oberflächlich besehen hat das wieder nicht so sehr mit Trieben, Wünschen, Impulsen und deren Einschränkung zu tun, sondern eher damit, dass du dich in deiner Freiheit gestört fühlst, bis zur Perfektion vorzudringen?
Ja.

Dann wirst du wütend. Auf einer tieferen Ebene ist es das, was wirklich wütend macht, dass nämlich die Impulse immer verdrängt werden. Und wenn ich das richtig sehe, dann macht es dich wütend, wenn die anderen mit dir tun, was du selbst die ganze Zeit mit dir tust, nämlich dich mit guten Gründen oder ohne sie zu stoppen.
Ich strenge mich die ganze Zeit an und stoppe mich. Ich nehme meine Impulse zwar wahr, aber drücke sie dann runter. Und wenn andere das von außen auch noch machen, dann tut das doppelt weh.

Und wie ist das jetzt zu erklären, dass Wut gleichzeitig die Vermeidung der Nr. 1 ist, wo ihr doch offensichtlich ein tägliches Geschäft mit der Wut habt?
Gute Frage. Meine Antwort darauf ist: Ich will diesen Ärger nach außen gar nicht zeigen, weil das eine Sache ist, die mit mir zu tun hat, die ich entweder mit dem Betreffenden ausmache oder mit mir selber ausmachen muss, weil das ja oft nur mich tangiert. Ich denke dann, dass die anderen ja gar nichts dafür können, dass ich einen Groll habe oder ärgerlich bin.

Du hast eine Menge Gedanken, mit denen du dir den Groll oder das Zeigen des Grolles ausredest.
Ich rede ihn mir irgendwie aus. Außerdem ist dieser innere Kritiker da, der sagt halt; »Nein, nach außen nicht, mach das mit dir aus, das darfst du nicht.« Nach außen hin, da möchte ich schon die Gute sein.

Eine gute, freundliche, nette, richtige Person (= Selbstidealisierung)?
Und Ärger passt da nicht dazu. Das hat auch mit der Kindheit zu tun, Ärger durfte nicht sein. Ich bekam immer Anerkennung dafür, wenn ich gut war, wenn ich gute Noten mit nach Hause gebracht hatte, wenn ich das tat, was meine Eltern von mir wollten, und das hat sich fortgesetzt in die Partnerschaft. Nur dann bin ich eine gute Ehefrau, wenn ich tue, was von mir verlangt wird, wenn ich das tue, was normal ist.

Man merkt so die Begeisterung, wenn du darüber sprichst, etwas zu tun, was richtig ist. Da wirst du direkt lebendig.
Ja, aber jetzt gehe ich schon mal in die andere Richtung und folge einem Impuls, der plötzlich kommt, auch wenn der mal die Regel bricht oder ich dann den Erwartungen der anderen nicht entspreche.

Das scheint deine Entwicklungsrichtung zu sein: »Was passiert, wenn ich meinem Impuls folge, wenn ich gegen die Regeln verstoße, die ich womöglich selbst im Kopf habe?«
Wie machen sich nun die Basisthemen Ärger, Groll, Kritik, Selbstkritik in der Partnerschaft bemerkbar?
Der Ärger macht sich zum Beispiel durch Liebesentzug bemerkbar. Wenn ich einen Konflikt habe oder mich ärgere, zum Beispiel, weil ich etwas mache, was mir nicht in den Kram passt, oder weil ich spüre, der andere kann mich nicht so annehmen, wie ich bin, dann ziehe ich mich zurück und schmolle. Ich denke, man kann es mir dann am Gesichtsausdruck ansehen. Das Positive ist, dass ich diesen Ärger nie lange aushalte, dass ich dann eher versuche, darüber zu reden und die Dinge vorwärts zu treiben.

Was heißt vorwärts? in Richtung einer vernünftigen Lösung oder in einen emotionalen Ausbruch oder ein reinigendes Gewitter?
Die emotionalen Ausbrüche kommen jetzt schon mal häufiger als früher, weil ich sie mehr erlaube: es darf sein, es gehört auch zu mir. Aber der Kopf schaltet sich sofort ein und versucht, eine praktikable Lösung zu finden.

Was würdest du Partnern von Einsen raten, wie geht man gut mit euch um (= Pflege von »Einser-Hamstern«)?
Wenn ein Fehler passiert ist, dann hilft es nicht, den Zeigefinger in die jetzt schon vorhandene Wunde zu legen, sondern es ist gut, es stehen zu lassen und zu sagen, »es gibt Schlimmeres«.

Es scheint wichtig für den Partner einer Nr. 1 zu sehen, dass der Bereich des Fehlermachens für die Nr. 1 hoch sensibel ist, dass es da für sie eine Menge innerer Qualen gibt. Wie ist es andererseits gut, mit eurem Wunsch umzugehen, uns andere zu kritisieren und richtig zu stellen?
Das mit unserer Kritik ist doch eigentlich nicht so schwierig. Mir scheint, die äußere Kritik ist gar nicht so schlimm wie der innere Kritiker, den wir haben, außerdem versuchen wir ja, es in einer freundlichen Form, die in Ordnung ist, auszudrücken.

Trotzdem fühlen sich ja Partner von Einsen oft kritisiert.
Vielleicht ist es wichtig für den Partner zu verstehen, dass es bei unserer Kritik nicht um die Person geht. Ich kann den Menschen als Person gut so sein lassen wie er ist. Vielleicht nimmt das die Schärfe aus einem Konflikt.

Wir haben schon ein wenig über Entwicklungsrichtungen für die Nr. 1 gesprochen. Es wurde deutlich, dass es sich meistens darum handelt, mehr den eigenen Impulsen zu folgen und für sie Unterstützung zu finden. Außerdem darum, dass du deinen Emotionen mehr Raum und Ausdruck gibst. Welche weiteren Entwicklungsrichtungen oder Empfehlungen würdest du Einsen geben?
Den Ärger, der da ist, mehr nach oben kommen zu lassen, nicht immer wieder gleich den Deckel draufzumachen mit dem Kommentar: »Das darf nicht sein, dann bist du nicht mehr die Gute, die anderen mögen dich dann vielleicht nicht mehr.« Es ist statt dessen wichtig, dazu zu stehen und sich bei Ärger zu sagen: »So ist das eben jetzt.« Und auch mal zu sagen: »Ich bin jetzt überfordert, hier kommt meine Grenze«. Mal nein zu sagen und sich nicht noch mehr aufzuladen.
Früher, aber heute auch noch, war sehr bestimmend in meinem Leben, dass ich arbeite von früh bis spät, und es war mir eine große Hilfe, immer wieder einmal Pausen einzuplanen und ganz bewusst nur da zu sein, ohne etwas zu tun, ohne etwas zu arbeiten. Früher habe ich mir erst dann eine Pause gegönnt, wenn alle Arbeit getan war. jetzt kann ich mich wenigstens mal hinsetzen und ein Buch lesen oder ein Glas Wein trinken und mir mal erlauben, ins Kino zu gehen, das kam früher immer erst ganz am Ende, wenn alle Pflichten erfüllt waren, und das war dann praktisch nie der Fall, weil es ja so viele Pflichten gibt. Immer noch eine dreckige Ecke oder einen Wäschekorb, der auf mich wartet.
Ich konnte mich früher auch nicht auf einen Urlaub einlassen, das schien mir als vertane Zelt, in der nichts entsteht. Ich habe immer gedacht, wenn ich weg bin, verpasse ich hier was, dann läuft etwas nicht richtig. Heute freue ich mich schon auf den Urlaub, einfach mal auszuspannen, statt ständig etwas »Vernünftiges« zu tun.

In der Anfangszeit, als du damit experimentiert hast, war das dann nur angenehm, eine Pause einzulegen, Urlaub zu machen, etwas sinnlose Zeit zu verbringen?
Der Drang, etwas tun zu müssen, blieb zunächst erhalten: Ich habe mir Häkelzeug mitgenommen oder viele Bücher, wobei ich das natürlich nicht nur als Arbeit empfinde, sondern auch als Entspannung, aber es

kommt darauf an, welche Art von Literatur. Ich habe früher immer Fachliteratur mitgenommen.

Zur eigenen Qual und charakterlichen Verbesserung, oder?
Ja, um aus mir eine bessere Person zu machen. Heute dagegen merke ich, ich möchte mal was ganz anderes lesen und mich mit ganz anderen Dingen beschäftigen. Heute finde ich Spaß daran.

Ich habe von Einsen gehört, bei denen das große Krisen ausgelöst hat, weil die Berechtigung zu leben in Frage gestellt zu werden scheint, wenn man nicht ständig arbeitet und sich selbst und die Umgebung perfektioniert. Welche Tipps hast du noch für Einsen, die sich entwickeln? Wo geht's lang, was kann man tun?
Sich das Wort »Gelassenheit« immer mal wieder zu sagen. Das Wort zu nehmen als eine Orientierung oder Erlaubnis. Ich muss mir das immer wieder sagen: »Sei gelassen!« oder »Gelassenheit ist jetzt angesagt.«

Der höhere emotionale Aspekt der Nr. I »Gelassenheit« scheint schon vom Wort her eine gute Orientierung zu sein. Ich habe einmal eine Nr. 1 gefragt, was ihr in ihrem Leben am meistens geholfen hat, und sie hat geantwortet, es sei der Satz gewesen: »Lass es stehen!«
Praktisch besehen auch: »Lass es liegen!«, zum Beispiel im Kinderzimmer, »lass es liegen und räum nicht auf!« Das habe ich gelernt mit meinem Kind.

Wie kann eine Nr. 1 das »Stehen lassen« lernen?
Durch viele Enttäuschungen. Enttäuschungen darüber, dass andere nicht meinen Erwartungen entsprechen wollen, sondern andere Dinge tun wollen. Das geht dann immer wieder auf einen harten Konflikt hinaus. Das war halt so lange so, bis ich gemerkt habe, das kostet mich zu viele Nerven, das ist es mir nicht wert. Meine Standards kann ich nicht immer und überall auf andere übertragen.

Die typischen Konflikte, die durch das Richtig-Machen-Wollen und Richtigstellen Wollen in der Partnerschaft entstehen, haben dich dahin gebracht, die Dinge stehen zu lassen?
Ich habe auch die Erfahrung in der Partnerschaft gemacht, dass ich den anderen nicht ändern kann. Ich habe zum Beispiel bei Äußerlichkeiten geglaubt, »das kriegen wir schon hin«, aber die Erfahrung war, dass es halt nicht geht. Deshalb habe ich mich schon

sehr früh damit beschäftigt, den anderen so sein zu lassen, andere in ihrem Sosein zu belassen.

Wir haben gerade den Begriff der heiteren Gelassenheit angesteuert. Es gibt irgendwie dieses Potential um euch herum, das anderen spürbar wird. Kannst du darüber noch ein bisschen sprechen?
So ganz einfach ist das nicht. Es kommt auf die Leute an, die um mich herum sind. Dann kann ich mich anstecken lassen von dieser heiteren Gelassenheit, wobei ich dann immer für mich selbst die Grenze stecke, was gut für mich ist. Auch früher schon, wenn ich weg war, war ich nie bei den letzten, die nach Hause gingen. Ich habe immer für mich gesagt, es ist in Ordnung so, das war jetzt gut, nun reicht es, ich muss es nicht bis zum Exzess ausleben.

Mir scheint, du assoziierst heitere Gelassenheit mit Exzess? Wenn du die Dinge stehen lässt, liegen lässt oder liegen lassen kannst, in welche gefühlsmäßige Befindlichkeit kommst du da?
Wenn ich das schaffe, dann geht es mir gut, dann stimmt es für mich, und ich fühle mich auch wohl und bin in einem Zustand, wo ich nicht wütend bin, nicht ärgerlich auf mich, wo ich mich so ganzheitlich spüre.

Das scheint mir mit »heiterer Gelassenheit« gemeint zu sein. Die Befindlichkeit, in die du kommst, wenn du die Dinge stehen lässt, wie sie sind. Die Dinge so stehen zu lassen, wie sie sind, ist mit »höherer Perfektion« gemeint. Es ist schon perfekt, bevor ich daran gearbeitet habe.
Schon schwierig, da hineinzukommen.

Von Typ Nr. 1, der sich und die Welt durch Fehlersuche zu verbessern trachtet, kommen wir jetzt zu Typ Nr. 4, einer Variation des Herz- und Imagethemas. Das Basisdilemma der Imagetypen, dass einfach da zu sein nicht ausreicht, um geliebt zu werden, löst er, indem er versucht, besonders, einzigartig zu sein -- Im Guten wie im Schlechten.

TYP NR. 4

Die Geschichte

Stell dir vor, dass du ein ganz besonderer Mensch bist. Das macht dich auch einsam. Du fühlst dich, als seist du gleichzeitig der Allerbeste und der Allerschlechteste. Dazwischen ist nichts. Wie eine schöne Blume, die abgeschnitten und kunstvoll arrangiert in einer Vase steht.
Stell dir jetzt vor, du begegnest einem Menschen, der dich sehr anzieht. Ein besonderer Mensch, einer, von dem du dich wirklich verstanden fühlst. Alles ist ganz spontan. Du bist überglücklich und freust dich, dass es so etwas gibt. Die Herzen fließen ineinander. Geschenke werden ausgetauscht, die von tiefer Bedeutung sind. Liebende Blicke bauen Vertrauen auf. Du fühlst dich vital und lebendig. Wie ein knisterndes Feuer - Ekstase und Sexualität.
Doch irgendetwas stimmt nicht. Die Banalität des Alltags schiebt sich zwischen euch. Die geliebte Person wendet sich ab. Die Katastrophe ist wieder einmal da. Dir bricht das Herz. Aus den Scherben machst du ein Kunstwerk. Es ist wunderschön.

Gibt es irgendetwas, das dir an dieser Geschichte vertraut ist?
Es ist wirklich eine ganze Menge drin. Mir ist aufgefallen, dass ich an Menschen ganz stark wahrnehme, ob sie etwas Besonderes sind, und dass ich in meiner Jugend ganz stark auf Leute abgefahren bin, die ich besonders fand, ohne überhaupt benennen zu können, worin das Besondere lag, aber es war vorhanden. Was außerdem vertraut war in der Geschichte, ist das Gefühl der Herzensverbindung zwischen uns. Die Herzen fließen ineinander, das ist ein Kernsatz für mich. Außerdem das mit den Blicken, gesehen zu werden ist für mich ganz wichtig. Beispielsweise einen bedeutungsvollen Blick zugeworfen zu bekommen, da gibt es Blicke, die liegen Jahre zurück, an die ich mich noch ganz genau erinnern kann.

Es war also zumindest früher sehr wichtig für dich, dass Menschen etwas Besonderes waren, da bist du gefühlsmäßig sehr darauf angesprungen. Ist es auch für dich wichtig, dass du etwas Besonderes bist?
Ich habe das Gefühl, dass ich durch die Verbindung mit diesem Menschen auch besonders sein wollte, das war eigentlich sogar das Hauptmotiv dahinter. Dem lag sicherlich das Gefühl zu Grunde, dass ich so, wie ich bin, nicht gut genug bin oder nicht genüge. Manchmal,

wenn Leute sich nicht weiter für mich interessiert haben oder mir nicht viel Aufmerksamkeit geschenkt haben, war mein erster Gedanke: »Ich bin nicht interessant genug«. Ich brauche viel Aufmerksamkeit, wenn ich sie nicht bekomme, empfinde ich eine Variation des Themas: »Ich genüge nicht«. Aber wenn ich etwas Besonderes bin oder mich mit jemand Besonderem verbinde und es diese Verschmelzung gibt, dann genüge ich vielleicht? Ja, das geht sogar soweit: »Dann darf es mich geben, dann ist es in Ordnung, dass es mich gibt.«

Das macht das »Besonders-Sein« sehr existentiell. Was hast du alles getan, um besonders zu sein?
Ich erinnere mich hauptsächlich an das, was ich falsch gemacht habe. Das spricht ja jetzt auch Bände. Ich erinnere mich vor allen Dingen an die Situationen, wo ich mit dem Gefühl zurückgeblieben bin: »Hier habe ich es nicht geschafft«.

Besonderheit in eine negative Richtung?
Ja, hier gehöre ich nicht dazu, ich bin das schwarze Schaf oder ich schaffe es einfach nicht, hier richtig dazustehen. Ich kann mich abzappeln, wie ich will. Andererseits habe ich mir an der Uni einen Lehrer, einen hyperintellektuellen Fünfermann, gesucht, den ich sehr verehrt habe, und ich wollte, dass er mich auch als etwas Besonderes wahrnimmt. Der hat es auch getan, und es hat mich zu unglaublichen Höhenflügen angespornt, für die ich sonst die Energie vielleicht nicht gehabt hätte. Ich wollte ihm zu Gefallen wirklich ein exzellentes Examen machen, phantastische Arbeiten schreiben, die ich ihm auch zur Ansicht rüberreichen könnte und an denen er dann Spaß hätte.

Es mobilisiert eine Menge Energien, als etwas Besonderes wahrgenommen zu werden, aber die Befürchtung ist doch auch, als besonders im negativen Sinne angesehen zu werden?
Ja. Was ich auch gemacht habe, um besonders zu sein: Ich habe viele Gaben entfaltet, die ich habe, also zum Beispiel Geige gespielt, auch tausend Hobbys gepflegt. Ich habe mich da sehr getreten, in vielem gut zu werden, aber eher, um das Gefühl zu bekommen, ich gehöre hier zum Klub oder ich darf hier mitspielen.

... so ein Anarbeiten gegen den Platzverweis, der befürchtet wird? Und nur wenn ich in dieser Weise besonders bin, meine Gaben in besonderer Weise entfaltet habe, dann darf ich dazugehören?
Ja, nur dann nehmen die mich als gut genug wahr.

Und die andere Hälfte der Phantasie ist: »Ich bin das schwarze Schaf in der Herde, ich falle in negativer Weise als besonders auf und daher vom Rand des Universums herunter.« Was ist mit dem Zwischenbereich, wenn du einfach ein Schaf unter vielen in der Herde wärst?
Das ging lange Zeit nur, wenn die ganze Herde zusammen etwas Phantastisches produziert.

Wenn alle Superschafe oder alle schwarz sind?
Soweit bin ich nicht gegangen, aber Superschafe, das war schon gut, zum Beispiel im Orchester oder im Chor: wenn wir alle zusammen einen phantastischen Sound produziert oder ein Werk aufgeführt haben, das uns niemand zugetraut hätte, dann ist es mir gut gegangen, und dann war es mir auch recht, dass ich dazu nur einen kleinen Teil beigetragen hatte.

Innerhalb der Riege der außerordentlichen Menschen ist es in Ordnung, ein Teil zu sein. Wenn man es einmal in Schulnoten ausdrückt, haben wir nun über eine 1 oder eine 6 gesprochen, was ist mit dem Durchschnittsbereich, mit einer 3?
Ich merke richtig, dass es fast so ist, als dürfte es das nicht geben. Wenn ich zurückschaue, habe ich diese Dreiersituation oft unbewusst, aber sehr effizient vermieden, und sich zurückzuziehen und einfach nur eine Arbeit zu schreiben an der Uni oder so, das galt auch nur, solange diese Arbeit dann später als besonderes Ergebnis dastehen sollte.

Es muss sichtbar gemacht werden, gesehen werden?
Wenn es ein paar Wenige sehen, die etwas davon verstehen, das reicht, aber die müssen wirklich etwas davon verstehen. Wenn die das gut finden, dann reicht das, das ist o. k. Ich glaube aber, dass ich diesen Bereich 3, Durchschnitt, befriedigend, gar nicht so kenne und überlege gerade, wie ich ihn noch vermeide. Wenn ich zum Beispiel ein Projekt einfach zu Ende bringen soll, da mache ich mir alle möglichen Gedanken, da fällt mir etwas aus der Vergangenheit ein, dann kann ich melancholisch werden, oder ich träume mir etwas zusammen, was in Zukunft passieren wird, aber ich bin nicht im Hier und Jetzt. Ich gehe nach hinten oder vorne in der Zeit, aber ich bleibe nicht in der Gegenwart.

Kann man sagen, du malst dir außergewöhnliche Welten aus, um Normalität, Durchschnitt zu vermeiden?
Diese Welten hat es schon auch gegeben. Ich erinnere mich dann eher an gefühlsintensive Augenblicke aus meinem Leben, entweder frohe oder traurige, aber nicht an alltägliche, normale.

Du vermeidest die Gegenwart, indem du dich an frohe oder traurige Ereignisse erinnerst. Gehst du überwiegend in die Vergangenheit oder auch in die Zukunft?
Beides, aber eigentlich mehr in die Vergangenheit.

Kannst du über das Gefühl von Verlassenheit sprechen? Es ist wohl ein Hauptgefühl der Vieren?
Wie viel Zeit hast du? Verlassenheit ist sicherlich das größte Angstwort für mich, mit dem Wort ist so etwas wie Todesangst verbunden. Das hängt bestimmt auch mit meiner Kindheitsgeschichte zusammen, als ich wirklich schon als wenige Tage altes Kind solche sehr massiven Erfahrungen zwischen Leben und Tod gemacht habe. Es gibt Situationen, in denen eine so starke Todesangst aufkommt: »Wenn dieser Mensch mich verließe ..., wenn ich den nicht mehr hätte ..., wenn ich hier auf einmal alleine wäre . . .«. Manchmal komme ich mir dabei sehr kindlich vor, weil ich denke, als erwachsene Frau kann ich ja wirklich ganz gut für mich sorgen, und mein Lebenslauf zeigt, dass ich das bisher auch immer gekonnt habe.

Aber der Moment des Verlassenwerdens fühlt sich lebensbedrohlich an?
Total.

Was würdest du dann machen mit der Person, die dich verlässt?
Die erste Reaktion ist Klammern: »Du kannst mich nicht verlassen, du kannst und darfst das jetzt nicht tun.« Das ist das Gefühl, hundertprozentig von dieser Person abhängig zu sein. Klammern und das Gefühl, der Situation völlig wehrlos und absolut als Opfer ausgeliefert zu sein, und ich kann dann eigentlich nur anfangen, wie wild zu rudern und mich wahnsinnig anzustrengen. Wenn ich zum Beispiel bei einem Konflikt Angst habe, dass der andere den Kontakt zu mir abbricht, dann strenge ich mich unmenschlich an, um diesen Konflikt zu lösen, aus lauter Angst, verlassen zu werden. Ich suche noch nach konstruktiven Lösungen, obwohl es eigentlich dran wäre zu sagen:

»Du verdammter Idiot, hau endlich ab und lass dich hier eine Woche nicht mehr sehen.«

Wenn jemand geht, scheint es überlebenswichtig, ihn in die Beziehung zurückzuholen. Wir sagen von euch Vieren, ihr hättet einen Push-pull-Stil in Beziehungen (= Wegstoßen und Anziehen). Wir hören von dir gerade mehr den Pull, Teil (= das An-sich-Ziehen des Partners). Gibt es Beispiele für den Push-Teil, wo du Leute, die mit dir in Beziehung sein wollen, eher wegstößt?
Der Push- Teil ist bei mir wirklich nicht so stark, aber ich glaube, dass ich manchmal Leute, die mir wohl gesonnen sind und die tatsächlich für mich da wären, nicht besonders gut behandle. Ich kann auch sehr gedankenlos sein und nur um mich kreisen und dieses Angebot dann von jemand anders gar nicht so wahrnehmen. Aber ich kenne von mir mehr den Pull Teil, vielleicht auch, weil ich überwiegend mit Fünfer-Männern zusammen war, weil man bei ihnen sicher sein kann, dass sie auch wieder von einem ablassen.

Du hast gesagt, dass das Ineinanderfließen der Herzen sehr wichtig ist. Wir ordnen die Vieren ja auch den Herztypen zu. Wie gehst du mit Gefühlen um?
Ich reagiere normalerweise sehr stark auf das meiste, was ich erlebe, sobald es meine Gefühle anspricht, und das tut eigentlich vieles. Ich reagiere dann sehr stark, positiv wie negativ. Ich kann sehr gehässig werden gegenüber Menschen, die mich sehr negativ berühren, ich kann dann wirklich sehr sehr boshaft werden. Außerdem reagiere ich häufig sehr unmittelbar Manchmal habe ich Schwierigkeiten, meine Tränen nicht zu weinen. Ich weine sehr schnell auch in Situationen, wo andere Leute das nicht tun würden, weil man in dieser Umgebung nicht weinen darf. Es zieht mich alles an, was Gefühle auslöst.

Starke Gefühle nach allen Richtungen. Angenommen, du wärst in einem starken Gefühl von Schmerz und jemand, zum Beispiel ein Partner, würde versuchen, dir da heraus zu helfen, wie verhältst du dich dann?
Wenn jemand sagt: »Ach, das ist doch gar nicht so schlimm«, oder auch nur irgendetwas in dieser Richtung, dann habe ich das Gefühl, ich darf nicht so sein, ich darf jetzt nicht weinen, der kann das nicht haben. Ich werde dann noch trauriger, weil es mich so nicht geben darf. Es drückt den alten Knopf von »du darfst nicht so sein«, und dann ist es nur ein ganz kleiner Schritt zu »du darfst nicht sein, ich will dich

nicht«. Da steckt sehr viel Abwertung drin, wenn jemand meinen Schmerz nicht einfach gelten lässt. Es würde völlig ausreichen, wenn er andere das anerkennt: »Du bist jetzt einfach traurig, soll ich dich in Ruhe lassen, oder sollen wir uns für einen späteren Zeitpunkt verabreden und darüber reden?« Das würde mir helfen.

Ist dein Ratschlag an Partner oder Freunde, dass da auch ein Stück Distanz eingebaut werden muss?
Ich kann das nicht gut haben, dass sich dann jemand auf mich stürzt, wenn es mir nicht gut geht.

Du machst dann diese wegstoßende Handbewegung?
Ja, da kriege ich Angst, dass derjenige sich irgendwie an mir bedient, dass er zum Beispiel jetzt demonstrieren möchte, wie wichtig er für mich ist, dass er mich gar nicht ernst nimmt. Wobei ich es schon toll finde, wenn jemand, dem ich vertraue und bei dem ich mich wirklich wohl fühle, sagt: »Soll ich dich mal in den Arm nehmen?« Das ist Musik in meinen Ohren, dann sag ich jaaaaaa! Und anschließend heule ich mal einen Moment an seiner Schulter, und dann ist es wieder gut. Ich kann auf diese Weise auch den Schmerz besser loslassen und muss ihn nicht so lange festhalten.

Wir haben jetzt einige der grundlegenden Lebensthemen besprochen. Fehlt etwas?
Ja. Die Bedeutung von Schönheit. Schönheit ist mein Thema. Design oder nicht sein. Dinge müssen schön sein. Es reicht allerdings, wenn es eine Art von Schönheit ist, die nur ich verstehe, es muss nicht eine nach außen demonstrierbare Schönheit sein. Ich finde auch manche Sachen schön, die sind schon wieder hässlich, so hässlich, dass es schon wieder etwas hat. Es gibt sicher verschiedene Typen, die auf verschiedene Arten von Schönheit abfahren. Ich bin am ehesten ein visueller Typ. Ich schaue vor allen Dingen, ich habe Fotoaugen, ich nehme Bilder wahr.
Wenn zum Beispiel bei meinen Schülern ein Kind dabei ist, das mich als besonders schön anrührt, das kann ich mit Wonne anschauen. Einfach nur die Schönheit einer Person oder einer Sache genießen, ich muss das nicht besitzen oder haben wollen. Ich nehme es nur wahr, dieses Schöne, nehme es in mein Herz. Es ist Nahrung für mein Herz.

Du hast das Stichwort »Melancholie« (= mentale Fixierung) genannt, könntest du das ein bisschen ausbauen?
Bis vor kurzem hätte ich gesagt, ich bin überhaupt nie melancholisch. Aber inzwischen - ich bin jetzt ca. zehn Monate allein, ohne Beziehung - kommen, wenn ich mich erinnere, so bittersüße Zustände, wo ich mich an das Schöne erinnere, aber gleichzeitig das Gefühl empfinde, dass ich das verloren habe. Ich unterscheide das von so einem heftigen Trauerschmerz, den ich oft gehabt habe in meinem Leben, aber so das Süße, das kenne ich jetzt erst so richtig. Einem Freund, der mich vor vier Jahren verlassen hat, habe ich auch lange nachgeträumt. Wir haben keinen Kontakt gehabt während dieser Zeit, und da habe ich mir oft ausgemalt, wo er war. Ich wusste nicht, was er da erlebt, aber ich bin da in Gedanken hingegangen und habe geschaut, wie es ihm geht.

Sehnsucht?
Das war eine sehr melancholische Sehnsucht, weil ich nicht wusste, ob wir uns überhaupt je wieder sehen. Das Beschäftigtsein mit Abwesenden, die mir lieb sind, und bittersüße Gedanken an diese Menschen. Ich kann in Gedanken sehr stark konzentriert sein auf Menschen, die nicht da sind, das kann ich sehr gut. Ich erinnere mich zum Beispiel, dass unlängst meine liebste Freundin nicht hier in der Stadt war und ich aus Versehen verkehrt herum auf die Autobahn gefahren bin - es wäre die Richtung gewesen, wo sie wohnt -, und da sind mir wirklich die Tränen in die Augen gestiegen, und ich dachte: »Mist, ich könnte die doch jetzt eigentlich besuchen fahren«, und das war ein ganz heftiges Gefühl von »Ach, wärst du doch jetzt da und ach, könnte ich dich doch jetzt sprechen«.

Bittersüße melancholische Sehnsucht, das hat auch einen Reiz?
Das hat einen Reiz, wobei ich mich davon relativ schnell zurückpfeife und denke: »Das führt jetzt zu nichts.«

Und wie ist es, wenn Menschen, nach denen du dich gesehnt hast, dann tatsächlich da sind?
Dann wird der Fokus schwächer, dann können wir zwar punktuell einen ganz starken, intensiven Kontakt haben und auch eine Stunde lang telefonieren, aber es kann ebenso sein, dass wir eine Woche ohne Kontakt sind, obwohl sie in der Nähe wohnt und ich im Prinzip jeden Tag einfach mal zu ihr fahren könnte.

Der Fokus wird stärker, wenn die Person weg ist?
Wenn sie überhaupt nicht erreichbar ist oder nur am Telefon oder nur durch Briefe (= Aufmerksamkeitsstil).

Wenn sie da ist, ist der Fokus nicht mehr so darauf?
Ja, es ist nicht so, dass diese Frau dann weniger wichtig wäre, aber meine Aufmerksamkeit geht dann stärker zu anderen Dingen.

Was bedeutet das Wort Neid (= emotionale Fixierung) für dich?
Es bedeutet für mich vor allem ein Ungleichgewicht der Wahrnehmung. Ich sehe jemanden oder etwas außerhalb von mir, der hat etwas, eine Qualität, die mir abgeht. Das Ungleichgewicht der Wahrnehmung besteht darin, dass ich diese Qualität vielleicht auch habe, aber sie nicht wahrnehme. Dass ich denke: »Boah, wenn ich mal groß bin, dann möchte ich auch so sein, warum bin ich nur nicht so?« Früher habe ich Leute wahrgenommen, die entweder schöner waren oder interessanter als ich. Ich habe da ganz stark darauf fokussiert, schöne Frauen zum Beispiel, die irgendwelche äußeren Qualitäten hatten, die ich nicht so hatte. Oder auch Erfolg oder Beliebtheit, oder ein semiprofessionelles Können in einem meiner Hobbys, oder mehr erlebt zu haben als ich, darauf konnte ich ganz neidisch sein.

Fast eine Rückkehr zum Anfang: Ich suche mir jemand Besonderen, aber dann leide ich darunter, dass diese Person hat oder zu haben scheint, was mir offenbar abgeht. Manchmal habe ich dies tatsächlich nicht, und manchmal habe ich es und es ginge darum, diesen Aspekt bei mir zu entdecken?
Es hat sich insofern verändert, als sich mein Neid heute oft auf etwas anderes richtet, auf Menschen, die entspannt und gelassen sind, die der Wirklichkeit mit ihrer Wahrnehmung nahe zu kommen scheinen, auch Menschen, die eine tiefe Menschenliebe haben. Das ist wichtig. Menschen, die von einer eigentlich ganz unromantischen Liebe erfüllt sind, die nichts Übersteigertes oder Exklusives hat, die einfach warmherzig und wohlwollend sind und das auch mit sich selber sind.

Irgendwie bleibst du dabei einerseits in der Neiddynamik: »Sie haben etwas, das ich nicht habe.« Andererseits scheinst du kurz davor, diese Qualitäten auch bei dir anzuerkennen?
Ich sehe das auch so. Ich habe es mir ein bisschen zur Gewohnheit gemacht, wenn ich beginne zu denken: »Boah, das ist aber eine tolle Eigenschaft«, dann fällt mir der Spruch ein: »If you can spot it, you've

got it« (Wenn du es irgendwo sehen kannst, dann trägst du es auch in dir). Ich kann ja nur erkennen, was in mir einen antwortenden Teil hat, und es zeigt, dass da etwas bei mir ist, was auch entwickelt werden möchte.

Da wir gerade dabei sind: einer der höheren Aspekte der Nr. 4 ist Ausgeglichenheit, der andere ist Ursprünglichkeit. Welche Erfahrungen hast du damit gemacht?
Ich glaube, ich habe beides schon erlebt. Ich habe allerdings sofort die Tendenz zu sagen, »... wenn auch nur ein bisschen«, und mich gleich in meiner Wahrnehmung zu reduzieren. Ich erlebe Ausgeglichenheit zum Beispiel darin, dass ich nicht mehr so viel auf mich beziehe, dass ich mich nicht so stark in den Augen der anderen spiegele, nicht mehr soviel schaue, wie mich der andere sieht und ob überhaupt, sondern dass ich in mir bleibe und gucke: »Was sehe ich?« Oder auch, wenn ich mich dabei beobachte, dass ich mich gerade wieder in ein intensives Gefühl reinschraube, es mir so richtig herhole, dann schalte ich jetzt öfter um und sage zu mir: »Das muss ich jetzt nicht haben, das muss ich mir jetzt nicht antun, es muss nicht so heftig sein.« Aber ich merke, die Versuchung ist immer wieder groß, es heftig und intensiv zu machen.

Du hast heute eine Wahlmöglichkeit, es nicht mehr so heftig zu machen?
Ja, sondern es da zu lassen, wo es ist (= Ursprünglichkeit), ein Gefühl zum Beispiel. Es gibt aber auch Momente, wo ich dem nachgebe, weil es so viel Spaß bereitet, es größer zu machen. Ich bin zum Beispiel vor kurzem auf dem Weg zur Arbeit an einem blühenden Busch vorbeigekommen. Da waren ganz unscheinbare kleine Blütchen dran. Die haben aber so prall und sonnig ausgesehen, da bin ich ganz nahe rangegangen und habe daran gerochen, und dann wird das auf einmal so ein Multimediaerlebnis, dann höre ich noch gleichzeitig die Vögel singen und sehe noch diese Blume vor mir, sehe die Sonne auf der Blume, und dann fällt mir dazu noch ein Chor aus der »Schöpfung« von Haydn ein: »Denn er hat Himmel und Erde bekleidet in herrlicher Pracht.« Dann weiß ich genau, ich hab's jetzt übersteigert, aber schön war's trotzdem.

Bei der unscheinbaren Blüte, die ihre eigene Schönheit hat, nahm das seinen Ursprung. Und natürlich macht es Spaß, alles zu intensivieren, aufzuweiten, größer zu machen, aber es gibt auch die Sehnsucht, es zu

belassen, wo es ist, deine Wahrnehmung möglichst nah am Hier und Jetzt zu belassen. Ist es das, was mit Ursprünglichkeit gemeint ist?
Dieser Busch ist ja voll mit diesen kleinen unscheinbaren Blüten, und für meinen Schönheitssinn müssten es ja gar nicht so viele sein. Ich sehe auf einmal, welche verschwenderische Fülle da vor mir liegt, und dann stehe ich davor und denke: »Das ist Reichtum.« Wenn es mir unmittelbar einleuchtet, wie reich ich bin oder wie reich meine Umgebung ist, das erlebe ich dann als ursprünglich, nicht als aufgeblasen, da komme ich überhaupt erst einmal an die Wirklichkeit heran. Meine sonstige Wirklichkeit ist ja eher von Mangel beherrscht, von dem, was gerade wieder fehlt.

Und in deinem Beispiel kehrst du zurück von der Welt des Mangels oder des künstlich hergestellten, übersteigerten Überflusses in den Reichtum der Wirklichkeit. Weder fehlt etwas noch muss etwas aufgeweitet werden, weit es eigentlich fehlt, denn es ist bereits genügend da?
Ja, genau. Ich mache immer wieder die Erfahrung, wenn ich wirklich im Hier und Jetzt bin, dann ist das Hier und jetzt so reich, dass es reicht. Es ist mehr als genug.

Kannst du dann auch sagen: »ich reiche aus«?
Ich bin genug? Das ist die höchste Seligkeit. Dieser Moment, gerade in Situationen, wo ich versuche, mit Gewalt eine Meßlatte zu erreichen, die über dem liegt, wo ich wirklich bin, wenn ich da sagen kann, das musst du jetzt nicht, du reichst, du bist auch so gut genug, das ist absolute Seligkeit.

Wie verhältst du dich in der Partnerschaft, und wie geht man gut mit dir um?
Meine Aufmerksamkeit richtet sich sehr stark auf die emotionale Verbindung. Wenn ein Partner statt auf mich auf etwas anderes, zum Beispiel auf eine Aufgabe fokussiert ist, bin ich immer in Versuchung zu denken: »Ich bin jetzt nicht wichtig.« Sobald der andere auf etwas anderes fokussiert und damit beschäftigt ist und dazu Gesichter macht, die ich nicht ganz deuten kann, dann liegt die Versuchung nahe zu denken: »Habe ich was falsch gemacht? Bin ich nicht gut genug?« Ich glaube, sehr unbewusst habe ich dann versucht, die Aufmerksamkeit der anderen Person wieder zurückzuholen und irgendwie das Gefühl zu erzeugen, der andere ist mit mir einverstanden. Das Gefühl musste ich haben, dann war alles o. k.

Was machst du, um die andere Person zurückzuholen?
Ich werde sehr intensiv im Ausdruck. Dinge, die ich zu sagen habe, sage ich besonders intensiv, so dass der andere sich nicht entziehen kann. Ich glaube, das ist meine Masche. Mit einem Fünferpartner, wenn der sich gerade zurückziehen will und ich noch intensiver werde, führt das natürlich zur Katastrophe. Ich baue das langsam ab, es beginnt mir mehr Spaß zu machen, zusammen mit einem Partner über etwas nachzudenken oder zu planen, mich auf die Sache zu konzentrieren und mich ein bisschen raus zu nehmen. Das ist für mich eher eine ungewohnte Perspektive, wiewohl schön. Es macht Spaß.

Wie geht man gut mit euch um? Die Ratschläge zur Pflege des »Vierer-Hamsters«?
in einer solchen Situation, in der ich deine Aufmerksamkeit will und intensiv werde und eine gute Show hinlege und gleichzeitig merke, das bringt's bei dir nicht, wäre es gut, wenn du sagen würdest: »Ich merke, dass du gerade viel Aufmerksamkeit von mir haben möchtest, aber ich bin im Moment eigentlich ganz woanders. Können wir das vertagen?« Und dann machen wir einen Zeitpunkt aus. Dadurch fühle ich mich nicht abgelehnt, sondern gesehen in dem, was ich will. Außerdem grenzt der andere sich dadurch ab und macht, dass ich ihn und seine Bedürfnisse deutlicher sehe. Es entlastet mich davon, herausfinden zu müssen, was jetzt eigentlich hier los ist, und zu denken, dass irgendetwas an mir nicht stimmt.
Eine Therapeutin hat mir mal gesagt: »He, hör mir bitte zu und nimm mich ernst.« Es ist ganz wichtig, dass jemand sagt: »Ich möchte von dir ernst genommen werden.« Wenn ich nur mit mir beschäftigt bin, von meiner Leidenschaft geritten werde und meine Tunnelwahrnehmung von der Situation habe, und mein Gegenüber sagt: »Ich nehme das aber anders wahr«, so hilft mir das sehr, da raus zu kommen. Das geht manchmal nicht ohne Schmerzen ab, weil das auch das Gefühl produziert, abgelehnt zu werden mit meiner Wahrnehmung. Da bin ich schnell dabei, mich abgelehnt zu fühlen. Dann ist es mitunter hilfreich zu sagen: »Das hat mit unserer Beziehung nichts zu tun.«

»Es ist nichts falsch an dir, aber nimm mich wahr und nimm gleichzeitig wahr, dass ich die Dinge anders sehe«, das scheint hilfreich zu sein. Aber in welcher Weise ist deine Wahrnehmung manchmal »tunnelig«? Meine Annahme über euch Vieren ist, dass eure Wahrnehmung oft um euch selbst kreist und die Außenwelt nur eine geringe Rolle spielt, ist das so?

Ja, das ist so. Vor allem bei Situationen des Verlassenwerdens oder bei der Abwesenheit von Freunden, bei allem, was intensive Gefühle produziert, da kann ich mich über Gebühr lange aufhalten und anderen damit wahnsinnig auf die Nerven fallen, weil ich dann nichts mehr wahrnehme außer diesen heftigen Gefühlen.

Was wäre noch hilfreich?
Grundsätzlich in jeder konflikthaltigen Situation rüberzubringen: »Ich hab dich noch lieb, du bist noch auf dem Schiff; wir fechten das hier gemeinsam aus.« Es reicht eine Geste. Das ist wichtig als Rückversicherung. Was mir sonst noch geholfen hat, war, wenn mir jemand gesagt hat: »Ich brauche von dir, dass du verlässlich bist.« Ich war oft unverbindlich auf eine blöde Weise, und ich denke, dass Ich immer noch die Tendenz dazu habe. Auf Verlässlichkeit zu bestehen ist deshalb so wichtig, weil da einerseits drinsteckt: »Du bist für mich so wichtig, dass ich das brauche«, aber auch: »Ich bin mir das wert, dass ich das einhalte.«

Was ist der Hintergrund der Unverbindlichkeit?
Ich bin früher sehr stark nach Impulsen gegangen, ein bisschen wie die Nr. 7: »Das ist interessant und dann dies noch und jenes noch«, und dann habe ich Sachen schleifenlassen. Ich habe auch Menschen eher benutzt. Der Satz traf zu: »I love what you make me feel« - die Gefühle, die du in mir auslöst, finde ich toll, aber du als Person bist nicht so entscheidend. Außerdem habe ich mich gar nicht ernst genommen. Dass ich jemand sein könnte, der für einen Menschen wirklich wichtig ist, habe ich mir früher nicht zugetraut. Das ist doch eigentlich niemandem wichtig, ob es mich gibt, ob ich da bin oder nicht.

Welche weitere Entwicklungshinweise hast du für Vieren?
Menschen haben mir geholfen zu erkennen: der andere Mensch ist wichtig, als der, der er ist, und nicht als das, was er mich fühlen macht, und ich entwickle sehr viel mehr Selbstachtung und sehr viel mehr Achtung für andere und für das Anderssein der anderen.
Außerdem ist es hilfreich, etwas wirklich Wichtiges zu machen: »Hier ist die Aufgabe, und die muss getan werden, gut getan werden, es interessiert mich überhaupt nicht, wie es mir dabei geht, nur das Ding zählt (= Sicherheitspunkt Nr. 1), ich stehe nicht so sehr im Vordergrund.«
Das wichtigste für mich ist, zu merken, wann ich eine reale, aktuelle Situation innerlich verlasse und in mein Kopfkino gehe. Dann kann ich anhalten, mich hinsetzen, tief durchatmen, und in dem Moment lässt

der innere Druck nach. Ich konzentriere mich auf meine körperlichen Wahrnehmungen und auf das, was ich mit allen fünf Sinnen um mich herum wahrnehme. Dann merke ich erst, wie es mir wirklich geht, was ich jetzt bräuchte oder was ich in dieser Situation vernünftigerweise tun oder lassen kann (lassen ist meistens das Beste). Damit verlagert sich meine Selbstwahrnehmung vom Mangel, von der Tragik, vom Opfersein zu der Erkenntnis, dass ich die Wahl habe, etwas Sinnvolles zu tun und mir selbst und anderen nicht zu schaden. Dann richte ich meine Aufmerksamkeit bewusst auf alles, was gut tut und wofür ich dankbar bin. Von dem, worauf es mir ankommt, habe ich fast immer genug.

Vom Typ Nr. 4, der Person, die unentwegt ihre Einzigartigkeit unter Beweis stellen muss, um das Gefühl zu haben, dazu berechtigt zu sein, geliebt zu werden, kommen wir nun zu Typ Nr. 2. Ebenfalls Angehörige der Image-Triade, löst sie das Basisdilemma - nur Sein reicht nicht, um geliebt zu werden-, indem sie ihre eigenen Bedürfnisse ignoriert und sich auf die Befriedigung der Bedürfnisse der anderen konzentriert. Hochintuitiv auf die Bedürfnislage anderer Menschen, verwandelt auch sie sich in etwas anderes als das, was sie ist: in die Erfüllung der Bedürfnisse des anderen. Vorsicht: Dieser Typus kann leicht mit Typ Nr. 9 verwechselt werden. In einer Gruppe von Menschen verschmelzen Neunen im Grunde mit den Bedürfnissen und Positionen aller Anwesenden, wohingegen Zweien sich meist auf eine wichtige Person konzentrieren, deren Liebe sie haben wollen.

Typ Nr. 2

Die Geschichte

Stell dir vor, du sitzt in deiner Wohnung, fühlst dich bedrückt. Du hast den Wunsch, mit jemandem über dein Problem zu sprechen. Du rufst eine Freundin an und fragst, ob sie Lust hat, sich mit dir zu treffen. Die Freundin sagt zu, du bist erleichtert, es tut gut. In deinem Herzen spürst du die wohltuende Vorfreude.
Nun kommt deine Freundin. Du siehst sie, deine Aufmerksamkeit geht automatisch von dir weg auf sie hin. Du bist immer noch auf der Ebene des Herzens, nun aber nach außen gewandt. Du fragst: »Wie geht es dir?« Deine Aufmerksamkeit richtet sich jetzt auf die Bedürfnisse der Freundin. Sie fängt, an zu erzählen, und deine eigenen Probleme beginnen kleiner zu werden. Du spürst sehr genau, was sie braucht, und fühlst dich gut darüber, dass sie sich öffnet und sich dir anvertraut. Für deine eigenen Probleme ist kein Raum mehr. Sie verlieren an Bedeutung. Aber es hat gut getan, ihr zu helfen.

Irgendetwas, das dir vertraut erscheint in dieser Geschichte?
Mir erscheint sehr vertraut, dass ich meine eigenen Anliegen, das, was mir selbst wichtig ist, vergesse, wenn andere Personen anwesend sind. Was mich selbst beschäftigt, tritt total in den Hintergrund, wird überschwemmt von den Bedürfnissen des anderen. Meine Aufmerksamkeit richtet sich dann automatisch auf das, was den anderen anspricht, und es ist ganz schwer, meine eigenen Themen einzubringen. Ich merke das erst dann, wenn der Kontakt vorüber ist oder wenn der Tag vorbei ist mit den vielen Leuten, die man trifft, und abends fällt es mir plötzlich ein: Das wollte ich eigentlich. Und den ganzen Tag habe ich das vergessen, ich denke da überhaupt nicht mehr dran.

Es fällt dir leichter, Kontakt zu dir zu bekommen, wenn du alleine bist?
Ich kann es fast nur, wenn ich alleine bin, außer die andere Person hat wirklich Interesse für mich. Und auch da ist es eigentlich wieder so, dass ich dann auf das Bedürfnis der anderen Person reagiere, etwas über mich zu erfahren. Dann kann ich das.

Indem du das Bedürfnis der anderen Person erfüllst, etwas über dich zu erfahren, kommst du mit dir selbst in Kontakt?
Auch dann ist es manchmal noch schwer, etwas über mich mitzuteilen. Bei verschiedenen Personen erfahre ich verschiedene Teile von mir, aber nicht die ganze Person. Und welchen Teil ich zeige, wähle ich danach aus, was der anderen Person gefallen könnte.

Du erzählst dann nicht unbedingt wirklich, was dich bedrückt, was in dir vorgeht oder was dir wichtig ist, sondern etwas, das den anderen interessieren könnte?
Bei dem Wort »wirklich« wird es schon schwierig. Wenn ich etwas erzählt habe, frage ich mich oft hinterher, ob alles nun wahr war oder wieder nur die Hälfte davon. Herauszufinden, was wirklich in mir ist, ist ganz schwer. Es ist immer ein Stück mit dabei, was den anderen gefällt und was sie hören möchten. Auch was mir selbst gefällt, das ist vermischt mit dem, von dem ich glaube, dass es gefällig ist.

Wenn wir dich fragen: »Was geht wirklich in dir vor?«, was geht dann wirklich in dir vor?
Manchmal habe ich den Eindruck, in mir geht nicht so viel vor. Das ist oft so weit weg, dass ich es dann selbst nicht mehr weiß.

Du vergisst dich selbst, deine eigenen Bedürfnisse, deine eigene Wirklichkeit und würdest etwas präsentieren, was vor dir selbst gut dasteht oder was für den anderen gefällig ist?
Aber relativ spontan, ich überlege mir das nicht vorher, es ist nicht ausgedacht, sondern das entsteht einfach in mir.

Woher weißt du, was einem anderen gefällt?
Ich habe eine Art Empfänglichkeit für die Reaktion des Gegenübers. Ich checke seine Reaktion ab. Ich spüre irgendwie, ob jemand auf etwas anspringt oder nicht. Ich weiß nicht genau, woran ich das messe. Ich glaube, es ist eine Art von Energie, die ich spüre, ob etwas läuft oder nicht läuft. Ich merke es oft daran, dass ich ein und dasselbe Thema unterschiedlich darstelle, leicht verändert - je nachdem, mit wem ich das bespreche -, mit anderen Worten, anderer Betonung, einer anderen Wichtigkeit, einer anderen Zielsetzung. Jedes Thema ist so vielschichtig, dass man sich das herauspicken kann, was auf den anderen passt.

Du akzentuierst ein Thema, je nachdem, was dem anderen wichtig ist?
Es ist nicht wirklich gelogen, aber es immer so wie ein bisschen frisiert, wie geschminkt.

Wir sagen ja von den Zweien, dass sie unterschiedlichen Leuten unterschiedliche Bilder von sich vermitteln. Ist es das?
Ja, genau.

Warum machst du das?
Die Absicht ist, mit dem anderen zusammen zu sein, sich nicht als eigene Person abzugrenzen und im Kontakt und durch den anderen Lebendigkeit zu spüren. Beziehung ist wichtig, Kontakt, Nähe mit dem anderen, und nicht weit auf Distanz zu gehen. Ich werde dann lebendig, und es fühlt sich irgendwie auch sicher an.

Und wenn du Distanz hättest oder für dich wärst ...?
Dann - ich weiß nicht genau -, dann ist das alles plötzlich nicht mehr wichtig. Es ist für mich fast nicht möglich, ein Thema wichtiger zu finden als diese Person. Die Person hat immer Top-Priorität, und das Thema ist mir dann irgendwie unwichtig. Es ist mir gefühlsmäßig unverständlich, wie ein Thema oder eine Überzeugung so wichtig sein kann. Inhalte, Worte, Diskussionen haben für mich eine andere Funktion wie für andere Menschen.

Diese Funktion der Bindung, des Kontakt-Habens, des Nahekommens?
Im Grunde ist es egal, was gesprochen wird, Hauptsache es bietet Beziehung. Ob man sich über das Wetter unterhält oder über Psychologie oder das Enneagramm, oder weiß der Kuckuck, ist egal, die Beziehung hat Vorrang.

Wie machst du dich unersetzlich?
Ich baue mich so sehr in das Leben der anderen mit ein, dass sie meine Hilfe und Sorge einfordern. Zum Beispiel mit den Kindern ist es so: Da gibt es das Ritual des Zu-Bett-Bringens, und das fordern sie dann auch ein.

Dein Tag besteht wohl dann aus Wünschen und Forderungen an dich?
Ja, aus Forderungen, die ich aber zum Teil selbst provoziere, indem ich Dinge für andere tue, an die sie sich gewöhnen und die sie dann einfordern, weil ich mir Mühe gebe, dass es ihnen gefällt. Ich fühle mich dadurch natürlich zwischendurch auch belastet, dann bekomme ich

meinen Drang nach Freiheit und will nichts mehr wissen von dem allem, aber erst mal baue ich das auf, um wichtig zu sein, um eingebunden zu sein in das Leben. Und um für das Leben Energie zu haben. Für mich selbst, da habe ich nicht so viel Energie.

Die Wünsche und Forderungen der Menschen geben dir eher Energie, als dass sie Energie kosten?
Ja, das bringt mich zum Laufen. Ich kann völlig schlapp und müde irgendwo rumhängen, und plötzlich kommt irgendjemand und will was, dann bin ich hellwach - als würde da Energie überspringen.

Wie wichtig ist dir Anerkennung?
Da würde ich immer zuerst sagen: »Sie ist mir nicht so wichtig.« Das stimmt aber nicht. Ich merke das daran, wenn ich kritisiert werde. Wenn ich merke, dass jemand etwas an mir schlecht findet, dann setze ich alles Mögliche in Bewegung, um diese Meinung wieder umzudrehen. Anerkannt und akzeptiert zu werden ist Irgendwie für mich der Normalfall, weil ich ja so viel opfere für andere. Wenn Anerkennung kommt, nehme ich sie eher für selbstverständlich. Wenn sie nicht kommt, werde ich ärgerlich. Ich finde das dann ungerecht und blöd und kann dann auch mal auf jemanden schimpfen. Oder aber ich versuche, es wieder gut zu machen, um diese Anerkennung zurückzuerhalten, um mich anerkannt zu fühlen.

Wie wichtig ist dir die Dankbarkeit der anderen?
Nicht so sehr Dankbarkeit. Wichtig ist mir eher zu wissen, dass ich gefragt bin, dass ich nicht übersehen werde, dass ich irgendwie eine Rolle im Leben des anderen spiele. Ein Dank fühlt sich außerdem eher so an wie ein Abschluss, als ob man sich für irgendeine Tätigkeit bedanken würde, danke und tschüß, obwohl ich doch hoffte, in deinem Leben eine fortgesetzte Rolle zu spielen. Außerdem ist mir inzwischen auch sehr wohl bewusst, dass ich das auch für mich selbst tue. Also gedankt zu bekommen, das schüttelt mich ein bisschen.

Wie ist es für dich, von anderen Menschen etwas zu bekommen?
Das war früher sicherlich schwieriger als heute. Aber es war ein Prozess dahin, jemand anderen für mich etwas tun zu lassen und darauf zu vertrauen, dass er mir etwas Gutes tut, nicht immer alles selbst in die Hand nehmen zu wollen, das war ein Prozess. Ich mache lieber alles selbst.

Warum? Was steht dahinter?
Früher hätte ich gesagt, dass ich nicht darauf vertraut habe, dass sich irgendjemand um mich kümmern will. Inzwischen denke ich, auch um die anderen so ein Stück in der Unselbständigkeit zu lassen, um selbst wichtig zu sein und zu bleiben und mich als die Bessere zu fühlen.

Wir nennen die Nr. 2 auch den Helfer. Kannst du etwas zum Stichwort »Helfen« sagen?
Helfen bedeutet für mich einzuspringen, wenn irgendwo Not am Mann ist. Wenn zum Beispiel an meiner Arbeitsstelle jemand ausfällt, springe ich dann schon mal ein, das ist recht leicht, es fühlt sich für mich an wie ein Sog: da kommt jemand mit einem Anliegen, einem Bedürfnis oder einem Problem. Anstatt es aber so zu regeln, dass die anderen es unter sich ausmachen, engagiere ich mich lieber selbst und verrichte Dinge, die nicht unbedingt mein Job sind. Ich mache das aber, um den anderen zu helfen und beizustehen. Es ist dann auch für mich schwierig, nein zu sagen. Nein zu sagen, wenn jemand etwas von mir will, das ist furchtbar. Obwohl ich oft lange vorher weiß, dass ich das Verlangte eigentlich nicht will, muss ich mir immer wieder vorher »nein« vorsagen, damit ich dann wirklich auch nein sagen kann.

Was sind deine Befürchtungen?
Oberflächlich gesehen befürchte ich, es anderen nicht recht zu machen. Ich denke immer, ich wäre dazu verpflichtet, und es fühlt sich wie Schuld an, ein Bedürfnis des anderen zurückzuweisen. Die darunter liegende Befürchtung ist sicherlich auch, dass ich, wenn ich gebeten werde, etwas zu tun, und es dann ablehne, nicht mehr gefragt werden würde, dass ich ein für alle Mal out bin.

Das klingt wie eine Kette: »Ich sage nein -- ich werde nicht mehr gefragt -- ich bin nicht mehr gefragt.« Und damit ist auch irgendwie der zentrale Grund für mein Dasein in Frage gestellt?
Wenn ich mich nicht bemühe, dann vergisst mich die Welt. Ich verliere irgendwie den Boden unter den Füßen. Es fühlt sich dann gleich an wie ewige Einsamkeit, schon bei ganz kleinen Dingen. Es fühlt sich auch an, als dürfte ich das nicht, als hätte ich da kein Recht dazu, einfach zu sagen: »Ich will das nicht, das interessiert mich überhaupt nicht.«

Du hast vorhin das Wort »Freiheit« gebraucht. Welche Rolle spielt Freiheitsdrang in deinem Leben?

Das kommt, wenn ich mich völlig überlastet fühle, wenn ich mir soviel aufgeladen habe, dass nichts mehr funktioniert, weil der Tag so viele Stunden nicht hat. Dann kommt die Gegenreaktion: »Ich will von euch allen nichts mehr wissen, ich will euch nicht mehr sehen, nichts mehr für euch tun, ich will nur noch machen, was ich will.«

Das kann dann eine gewisse Schärfe bekommen und von außen paradoxerweise so aussehen, als würde außer deinen Bedürfnissen gar nichts mehr zählen (= Stressrichtung Nr. 8).
Es ist dann irgendwie gegen die anderen gerichtet. Manchmal tue ich auch völlig abstruse Dinge, wie urplötzlich im Winter reiten zu gehen und mir dabei eine Lungenentzündung zu holen. Ich meine dann, dass ich unbedingt meinen Willen durchdrücken müsste, auch wenn eigentlich klar ist, dass es Unsinn ist oder jeder dagegen ist. Das muss dann einfach sein. Und dabei übergehe ich auch meine eigenen subtileren Bedürfnisse. Es ist dann so: »Und das will ich nicht, und das will ich nicht, und ich wollte das überhaupt noch nie, und jetzt mache ich nur noch, was ich will.« Und das kriegt dann jeder ab, der überhaupt nur in meine Nähe kommt.
Es bekommt so eine Schärfe, weil ich nicht in Kontakt mit meinen Bedürfnissen und gleichzeitig in Verbindung mit den anderen Menschen bleiben kann. Ich muss mich dann völlig abschneiden von der Beziehung und das Gefühl von Bindung vollkommen ausblenden, und das wirkt dann recht krass und im Widerspruch zu meinem sonstigen Verhalten. Es hält auch nicht lange an, weil dann die Panik kommt: »O je, jetzt habe ich dich verletzt, mich unmöglich benommen, jetzt magst du mich nicht mehr.«

Welche Bedeutung haben Gefühle für dich?
Sie entscheiden über mein Handeln.

Wie ist das zu verstehen?
Gefühle, da meine ich nicht nur zwischenmenschliche Gefühle, sondern einfach auch, was ich für ein Gefühl zu einer Tätigkeit habe. Heute hatte ich zum Beispiel einen freien Tag, da hatten wir ein Picknick geplant, und ich fühlte: »Ich mach das.« Es war völlig unvernünftig, weil ein Gewitter am Himmel war, aber es war klar, nach meinem Gefühl wird das jetzt gemacht. Da nützt es nichts, irgendwelche vernünftigen Argumente zu haben, sondern das Gefühl entscheidet. Ich will auch keine Planung, sondern alles möglichst chaotisch haben, damit ich nach meinem Gefühl gehen kann. Meine Entscheidungen laufen nach

Gefühl, wie ich grad drauf bin. Einen Plan zu verwirklichen, wenn mir meine Stimmung dazwischenkommt, das läuft nicht. Und ich habe die Vorstellung, dass mein Gefühl mich richtig führt.

Steuern wir mal die »dunkle Seite« an und sprechen über Schmeichelei und Stolz, die Fixierungen der Nr. 2. Könntest du dazu etwas sagen?
Schmeichelei hat damit zu tun, mich in den anderen einzufühlen und ihm gefällig zu sein, und nicht so sehr damit, dass man den anderen lobt, wie toll man den findet. Ich stelle mich vielmehr mit meinen Themen auf den anderen ein und schmeichele somit seiner Welt.

Du stellst dich auf die Welt des Gegenübers ein und dadurch fühlt er sich gut?
Genau, dadurch fühlen sich die Leute bestätigt und geschmeichelt. Und ich sehe oft die negative Seite von Menschen nicht. Ich bin da auf eine Art sehr naiv. Ich sehe nur die Seite, die mich fasziniert. Es gibt immer irgendetwas. Misstrauen dagegen ist mir ziemlich fremd. Ich schmeichle eher den Leuten mit meiner gesamten Einstellung und blende da einen Teil aus.

Und würdest du das mit jeder Person machen, die du triffst?
Wenn ich eng mit jemandem im Kontakt bin, zu zweit, da mache ich das, glaube ich, fast mit jedem. In einer Gruppe ist das anders. Da suche ich mir die aus, die nach meinem Gefühl zu mir passen oder mir gefallen. Und dann kann ich mich auch, um mich dieser Gruppe, die mir gefällt, angeschlossen zu fühlen, von anderen eher abgrenzen.

Es käme dir also nicht darauf an, dass die ganze Gruppe sich wohl fühlt, im Gegensatz zur Nr. 9?
Ja. Es sind immer einzelne, zu denen mir der Kontakt wichtig ist. Bei anderen kann es sein, dass ich sie gar nicht bemerke. Die fallen dann so ein bisschen neben herunter. Die betrachten mich dann als arrogant und unnahbar, das bin ich ihnen gegenüber sicherlich auch, glaube ich. Meine Aufmerksamkeit geht nicht überall hin.

Wie stolz bist du?
Viele sagen mir, ich wirke arrogant und hochnäsig. Ich glaube, das gehört mit zu diesem Stolz, so durch die Welt zu laufen: »Mir kann niemand was, ich krieg das alles hin, ich kann es besser und schneller als die anderen.«

Liegt Stolz auch in der Fähigkeit, anderer Leute Bedürfnisse zu erfüllen?
Stolz hat damit zu tun, gebraucht zu werden, gefragt zu sein, mich selbst geschmeichelt zu fühlen, wenn andere etwas von mir wollen. Früher hatte es außerdem den Aspekt mit Männern, dass ich mir sicher war, es bewerkstelligen zu können, dass sie eine Beziehung zu mir anfangen wollten. Oder auf andere so eingehen zu können, dass die unweigerlich gut von mir denken, mich für kompetent halten, für vertrauenswürdig und all solche Sachen. Dass ich in einem guten Licht dastehen kann. Das macht stolz.

Ein anderer Aspekt von Stolz könnte aufkommen, sobald du fragen musst, wenn du etwas brauchst für dich. Wie bist du dann?
Das würde ich nicht tun. Dann müsste ich zugeben, dass ich irgendetwas selber nicht hinkriege. Ein häufiger Spruch von mir früher war: »Ich brauch dich nicht, bleib da, aber ich brauch dich nicht.« Ich bin zu stolz, direkt etwas einzufordern. Stattdessen habe ich manchmal ein wenig von einem »Prinzessin-auf-der-Erbse«-Gehabe. Einerseits tu ich in einer engen Beziehung sehr viel für dich, aber dann geh auch achtungsvoll mit mir um. Ich will kein Gefühl von Dankbarkeit, aber ich will so ein bisschen wie eine Prinzessin behandelt werden. Ich die größere und der andere der kleinere.

Wie sehr spielen einige dieser Themen in Partnerschaften hinein?
Das Thema, dass Bedürfnisse von anderen einen hohen Wert erhalten, kann für die Partnerschaft ziemlich schwierig werden, weil jedem, der kommt, dieser Wert zuteil wird, nur der eigene Partner bekommt oft diesen Wert nicht, weil er ja schon da ist. Sobald ich zu jemandem einen vertrauensvollen Kontakt habe, mache ich weniger für ihn, und es sieht dann so aus, als wäre er für mich nicht wichtig. Mein Partner sagt mir dann: »Du lässt mich fallen, nur weil ein anderer ruft.«

Diejenigen, zu denen der Kontakt gefährdet ist oder noch nicht sicher ist, bekommen deine Aufmerksamkeit, während der Partner sich um dich kümmern soll und dieses Umworbenwerden und Umschmeicheltwerden verliert?
... der soll einfach selbstverständlich da sein. Der kriegt plötzlich alle Ansprüche ab, die ich habe. Und er soll die Ansprüche auch mehr erraten, ich verrate sie häufig nicht. Wenn das nicht klappt, reagiere ich vorwurfsvoll: »Ich komm total zu kurz.« Das liegt natürlich daran, dass ich selbst nichts sage und dann denke: »Du hörst mir ja gar nicht zu, du interessierst dich ja gar nicht für mich.« Und der Hintergrund ist, ich

interessiere mich ja für mich selbst nicht und werfe es dann dem anderen vor. Oder ich sage: »Du nimmst mich nicht ernst«, und mein Partner entgegnet: »Wie soll ich dich ernst nehmen, wenn du mir nichts sagst?« Dann kann der Fall eintreten, dass ich von der Beziehung nichts mehr wissen will und mich davon abschneide. Sobald aber die Beziehung so halb den Bach runter ist, fängt die Aktivität dafür wieder an. Der andere könnte mich ja verlassen. Dann wird es wieder spannend. Das kann Jahre so gehen.

Wie geht man in der Partnerschaft gut mit euch um?
In der Partnerschaft ist es mir ganz wichtig, das Gefühl zu bekommen, dass ich gemocht werde, ohne etwas dafür tun zu müssen. Es berührt mich richtig, wenn das einmal passiert, ohne dass ich überhaupt daran gedacht habe. Zum Beispiel, wenn ich am Duschen bin, wenn dann irgendeine Art von Zuneigung kommt, wenn es sich überhaupt nicht auf mein Tun, oder auf mein Zuhören oder was beziehen kann, sondern einfach nur auf mein Dasein.

Wenn du es nicht hervorgerufen haben kannst? Man muss dich sozusagen auf Schleichwegen erwischen, es darf sich nicht auf eine Handlung oder Hilfeleistung oder Schmeichelei von dir beziehen?
Ja, am besten ist es, wenn ich meine Aufmerksamkeit nicht auf den anderen gerichtet hab', und plötzlich kommt Zuwendung. Dann bin ich aber meistens erst mal erstaunt und sage: »Was soll das jetzt?« Ich kann es zuerst nicht annehmen. Aber anschließend zu bemerken, das passiert jetzt nur, weil es mich gibt, das ist gut, das finde ich schön.
Wichtig ist auch, dass der Partner die Instabilität, dieses Handeln nach Gefühl, heute so und morgen so, nicht überbewertet. Ich mag es, wenn der Partner dann seine Linie weiterfährt, seine Meinung beibehält und sich nicht von meinem Hin-und-Her-Schwanken irritieren lässt.
Es ist außerdem wichtig, der Nr. 2 zwischendurch mal die Aktivität abzunehmen und das Bedürfnis zu äußern, einfach ein paar schöne Stunden mit ihr zu verbringen, wo sich die Zwei ausruhen kann. Außerdem muss der Partner wissen, dass die Nr. 2 in Panik gerät, wenn man ihr zu nahe kommt. Hinter all diesem Getue und Gemache für andere steckt nämlich ein Nicht-entdeckt-werden-Wollen, und es fühlt sich dann ganz furchtbar an, wenn mir jemand zu nahe kommt. Wenn sich jemand aufrichtig für mich interessiert, dann kommt so eine Trotzmauer hoch, da lass' ich ihn nicht durch, weil entdeckt werden könnte, dass ich nichts tauge, dass da nichts dahinter ist, dass es nur ein großes Spiel ist, dass da jemand Kleines und Trauriges dahinter steckt.

Manchmal, glaube ich, rutsche ich in Typ Nr. 4, in ruhigen und entspannten Situationen. Ich schäme mich dann manchmal so und denke, der andere mag mich ganz sicher nicht. Das Schämen kommt ganz stark, Es könnte entdeckt werden, dass das alles gar nicht so toll ist mit mir.

Derjenige, der dir wirklich nahe kommt, würde deinen Stolz verletzen, weil er sieht, dass du menschlich bist, nicht alles im Griff hast, dass du nicht nur so toll bist, wie du dastehen möchtest?
Ja, dass ich schwach bin. Dass ich mich eigentlich nicht stark fühle, sondern dass diese Stärke der Schutz ist. Das ist schwer.

Hat dieses Gefühl etwas mit Demut (= höherer emotionaler Aspekt) zu tun, oder wie würdest du dieses Wort füllen?
Demut hat für mich etwas damit zu tun, nicht aufgeblasen herumzulaufen. Ich möchte mir mehr meine eigene Freundin werden, mir selbst zuhören, mich ernst nehmen, meine Fehler und Schwächen bejahen und meine Fähigkeiten achten. Dann kann ich zugeben, dass ich etwas nicht kann und - wichtig - auch solche Lebensereignisse, Gedanken und Gefühle sagen, die niemandem imponieren sollen. Sie einfach sagen, weil sie da sind.

Wenn du Gedanken oder Gefühle sagst, weil sie da sind, und nicht, weit du damit Eindruck machen möchtest?
Wenn ich über irgend etwas rede, weil es mich gerade beschäftigt, obwohl es niemanden interessiert, niemand danach gefragt hat, einfach so, auch ohne eine besondere Reaktion zu erwarten oder sie mit zu steuern, nur wegen des Bedürfnisses, etwas mitzuteilen. Einfach, weil es aus mir kommt. Es braucht auch keine riesige Wichtigkeit zu haben. In letzter Zeit merke ich, dass ich häufiger als früher mal was erzähle, ohne vorher abgecheckt zu haben, ob es jemanden interessiert, und das fühlt sich ganz neu an. Es fühlt sich so an, als wäre ich da, als würde es mich geben.

Was hat dir geholfen, an diesen Punkt zu gelangen?
Wichtig ist immer noch, zwischendurch einfach Zeit zu haben, allein zu sein, so dass Dinge, mit denen ich mich beschäftige, die mir was ausmachen, die mich irgendwie bewegen, überhaupt erst mal aufsteigen können. Um dieses Alleinsein kämpfe ich. In diesem Alleinsein kommt dann erst einmal eine Leere, da bin ich orientierungslos, habe keine Ahnung, wo es eigentlich hingeht. Da ist

absolut nichts, es ist dumpf; ich sinke dann immer mehr und mehr ab. Dann kommt so langsam eine Traurigkeit, ich zweifle an mir, fühle mich schlecht, und ich will vielleicht gar nicht leben. Aber dann irgendwann, wenn es mehr und mehr auf den Grund geht, kommen andere Worte dazu, und dann formulieren sich eigene Gedanken, und ich erkenne, was mir wichtig ist.

Und die willst du dann mitteilen?
Nein. Es ist vielmehr so, dass sie sich mitteilen und ich mich Ihnen überlasse: und es ist dann sehr schön, dass ich mich irgendwie überlassen kann. Das ist nicht dramatisch, es ist ganz gewöhnlich. Nichts Besonderes. Einfach ohne Absicht. Einfach nur, weil es mich beschäftigt.

Ich würde das für ein Beispiel von »höherem Willen« (= höherer mentaler Aspekt) halten. Nicht ich mache es, sondern es passiert. Und ich folge dem, was passiert. Würdest du das auch so sehen?
Das Thema »höherer Wille« ist schwierig, weil das bei mir ganz schnell in dieses Stolz-Thema hineinschnappt.

Wie könnte man Stolz mit höherem Willen verwechseln?
Das geht wahnsinnig schnell. Ich ertappe mich immer noch dabei. Früher war das ganz schlimm. Da habe ich grandioserweise immer gedacht: »Ich bin eigentlich kein Mensch, sondern ein Engel.« Irgendwie gehöre ich nicht hierher; ich gehorche einem höheren Willen. Es war eine Form von Stolz.

Ich bin eine Abgesandte Gottes, nicht ganz menschlich?
Nicht ganz gewöhnlich. Und dann hat sich das mit der Zeit gewandelt in: »Ich folge meinem inneren Kern oder einem inneren Gefühl«, aber das sind verschiedene Verkleidungen derselben Sache, einfach nur anerkanntere Wörter. Ich habe das eine Zeitlang gemacht, bis ich gemerkt habe, dass ich das wieder nur getan habe, um meinem Stolz zu frönen, dass das nur ein sehr subtiler Trick war. Und deshalb habe ich meine Probleme mit dem »höheren Willen«. Jetzt wünsche ich mir eher: »Sei doch einfach nur ein normaler Mensch, dann wird es schon irgendwie klappen.« Eine Ameise in diesem Haufen zu sein, die Zickzack läuft, verwirrt, ohne genau zu wissen wofür. In diesem »Ich weiß nicht« liegt für mich viel.

Was sind gute Entwicklungsrichtungen für Zweien, und was könnte ihnen helfen?

Für mich war es wichtig, meine schwachen, zarten, kindlichen, verletzbaren und traurigen Seiten wahrzunehmen, anzuerkennen, mehr auf sie Rücksicht zu nehmen, mich selbst zu trösten und zu beschützen und zu meinem Körper eine sanftere Einstellung zu gewinnen, anstatt ihn für das Bedürfnis nach Anerkennung und Zuwendung zu missbrauchen.

Die Nr. 2 muss außerdem lernen, bewusst wahrzunehmen, wann sie von jemandem gemocht wird, es zu glauben und anzunehmen und es nicht durch dieses Selbst-Aktiv-Sein, Alles-selbst-in-die-Hand-Nehmen abzuwehren. Es ist so wichtig zu verstehen, dass man für Zuwendung nicht immer so viel tun muss. Dass man manchmal ganz still sein kann und warten. Und dass es von alleine kommt. Nicht immer natürlich. Es ist so wichtig zu sehen, dass man Zuwendung bekommt, ohne so viel dafür zu tun, und das dann nicht in Frage zu stellen oder abzulehnen. Das geht ja fast soweit, dass man jemanden, der einen mag, dann abwertet, weil er einem in die Falle gegangen ist. Etwas Liebevolles anzunehmen, das ist ganz schwer.

Hilfreich ist auch der Gedanke, dass man nicht so schnell alleine bleibt. Die Welt verlässt einen nicht von heute auf morgen. Man kann darauf vertrauen, dass sie noch da ist, auch wenn man sich mal für ein paar Tage zurückzieht. Ich muss nicht in Kontakt sein, selbst wenn ich mal für mich bin, bleibt die Welt und bleiben die Menschen noch da.

Vom Typ Nr. 2, der Person, die sich in die Erfüllung der Bedürfnisse anderer verwandelt, um geliebt zu werden, und daher nicht ein Selbst, sondern viele verschiedene »Selbste« vorweist, kehren wir nun zurück in die Welt der Bauch- und Wuttypen, zu Typ Nr. 8. Mit der Basiserfahrung, dass die Welt ungerecht, gefährlich und hart ist, geht sie anders um als die Nr. 6. Sie vergrößert sich, ihre Energie und ihre Wut, bis sie glauben kann: »Ich bin größer als die Gefahren und kann mich nun für eine gerechte Welt einsetzen.« Sie übersieht dabei, dass sie sich oftmals nur für ein vergangenes Unrecht rächt.

TYP NR. 8

Die Geschichte

Erinnere dich an eine Zeit, wo du klein warst, ein kleines, verletzliches Kind. Bemerke, wie klein sich dein Körper anfühlt, deine Hände, deine Füße, wie klein du bist.
Stelle dir eine Situation vor, über die du keine Kontrolle hast - wo du ohne Einfluss, ohne Möglichkeiten bist - hilflos. Die Menschen um dich herum erscheinen überwältigend machtvoll, verurteilend, unfair. Spüre ihre Anwesenheit, die Geräusche, die Töne, die von Ihnen ausgehen, auch ihren Geruch, ihre Energie.
Die Situation ruft Gefühle von Schmerz, Hilflosigkeit, Verletzlichkeit und Ärger hervor. Du bist total alleine, völlig auf dich selbst gestellt. Du musst dich um dich selber kümmern. Es gibt keinen, der dich vor Verletzung und Übergriffen schützen würde.
Höre, wie du zu dir selbst sagst: »Ich werde nie wieder zulassen, dass das passiert. Nie wieder werde ich mich in diese Lage bringen lassen. Ich muss die Kontrolle haben« Und du dehnst dich aus, wirst größer als das Leben. Niemand darf bemerken, dass du verletzlich bist oder Angst hast, und deine Einstellung wird: »Ich brauche niemanden«

Was an dieser Geschichte erscheint dir vertraut oder typisch?
Vertraut ist zunächst das Gefühl, vom Vater nicht gesehen worden zu sein. Ich meine damit das echte Sehen, natürlich bin ich wahrgenommen worden, und er hat mir Aufgaben gegeben oder ich hatte zu funktionieren oder musste tun, was er sagt. Und ich kann mich erinnern, dass ich mich relativ früh widersetzt habe. Ich wollte nicht nur ausführen, sondern ich wollte einen echten Kontakt haben.

Wo eine Nr. 9 mit einer ähnlichen Geschichte des Übersehenwerdens sich fortan unwichtig gefühlt hätte, hast du dich widersetzt, auch mit der Absicht: »Ich möchte einen echten Kontakt haben.« Welche Form des Widersetzens hast du gefunden?
In der Pubertät zum Beispiel war ich aufsässig, verbal unverschämt, vor allem auch vor Publikum.

Heißt das, dass du ihn bloßgestellt hast?
Ja. Er ist selbst eine Nr. 8 gewesen, war also sehr autoritär, das hat mich natürlich noch mehr herausgefordert. Meine Rolle in der Familie ist die

des schwarzen Schafes. Meine Schwester ist zwar auch in ihrer Weise ausgeflippt, aber ich habe so die Grundwerte in Frage gestellt, auch die gesellschaftlichen Grundwerte, und war da aufmüpfig. Als ich zum Beispiel anfing, mich selbst zu kleiden, da war das gar nicht so bieder, das war recht bunt und für eine Kleinstadt sowieso schwierig. Bei mir hat man einfach das Widersetzen relativ stark gemerkt. In meiner Lehre hatte ich da zum Beispiel die Strategie, meinen Körper einfach abzustellen, wenn ich etwas anderes wollte als mein Vorgesetzter. Ich habe das sehr genial hingekriegt. Ich bin sozusagen aus meinem Körper ausgezogen und habe den einfach nur hingestellt. Mein Chef hat dann irgendwie bemerkt, dass er mich nicht mehr erreicht, hat dann nachfragen müssen, was los ist, und ich sagte ihm dann, was ich wollte. Er hat dann meistens nachgeben müssen, weil er wusste, ich stelle meinen Körper einfach ab, und er kann mit mir nichts anfangen.

Wie ist das aus deiner Sicht repräsentativ für Typ Nr. 8?
Das mit dem Aussteigen aus meinem Körper; das kann ich gar nicht sagen. Ich weiß, dass ich das zwei Jahre lang einfach praktiziert habe. Wenn für mich ein wünschenswertes Ziel da war, dann habe ich das verbal oder nonverbal, aber sehr überzeugend zum Ausdruck gebracht.

Mit anderen Worten: Es war leicht für dich, deine eigenen Wünsche und Bedürfnisse zu spüren und sie in einer drastischen, wirkungsvollen Form auszudrücken. Würdest du das von allen Achten sagen: leichter Kontakt zu Bedürfnissen und wirkungsvolle Form, sie auszudrücken?
Ich denke schon. Ich glaube, eine Acht kann sich da nicht zurückhalten. Ob sie das jetzt in einer eher passiven Form, die aber doch sehr ausdrucksstark ist, wie eben geschildert, oder ob sie es verbal macht und den anderen schlichtweg niederbügelt, um das heiß ersehnte Ziel zu erreichen, da gibt es sicher unterschiedliche Formen.

... und allen gemeinsam ist, dass sie sehr durchsetzungsfähig sind?
Ja. Der Punkt ist, dass ein Impuls kommt, und du folgst dem Impuls, ohne dass du überprüfst, ob es wirklich notwendig ist. Und dabei benutzt du dein ganzes Umfeld. Es kann zum Beispiel sein, dass du in der Gegend herumtelefonierst und versuchst, alle niederzureden, dass das jetzt sein muss, also das ist so wie ein unabwendbares Schicksal von solcher Wichtigkeit, dass du oft von den anderen die Unterstützung auch tatsächlich bekommst. Das halte ich für eine große Stärke der Nr. 8, dass sie die anderen begeistern kann für ihre Ziele.

Woran noch würde jemand erkennen können, dass er eine Nr. 8 ist?
Wenn eine Nr. 8 in einen Raum kommt, dann hat sie sicher eine sehr hohe Präsenz und Energie. Man kann Achten und sich selbst als Nr. 8 an der Energie, am Körperausdruck, erkennen. Sie ist sehr präsent und gespannt, je nachdem, wie die Situation ist. So wie die Katze vor dem Sprung, selbst wenn sie nur herumzustehen scheint und schaut, was in dem Laden so läuft.

Daran würden andere erkennen können, dass jemand eine Nr. 8 ist, aber wie merkt man das selber?
Ich kann dieses Gefühl, Energie nach außen hin zu versprühen, auch innerlich selbst wahrnehmen und herstellen. Außerdem können wir unsere Energie größer und kleiner machen, je nachdem, was unser Anliegen im Raum ist. Wenn die Nr. 8 ein direktes, wichtiges Anliegen hat, dann checkt sie die Energie der Leute, mit denen sie in Kontakt kommt, ungefähr ab. Wenn sie dabei bemerkt, dass da Menschen darunter sind, die nicht so viel Energie haben, dann kann sie die Energie etwas erhöhen, sie kann sich dann quasi ausdehnen.

Erhöht die Nr. 8 dann ihre eigene Energie oder die Energie der Leute, die so reduziert sind, oder beides?
Nein, sie erhöht ihre Energie, sie kann sich quasi ausbreiten, ohne dass du das merkst. Die anderen stehen dann mit dem Rücken schon zur Wand, aber du kannst es nicht nachweisen, das geht alles unsichtbar. Die Achten selbst könnten wissen, dass sie das tun, andere durch das Ausdehnen ihrer Präsenz und Energie zu steuern, aber sie sind sich nicht direkt bewusst, wenn sie es nicht reflektiert haben, dass es auch mit Manipulation zu tun hat, mit der Frage: »Wie manipuliere ich eine Situation?«

Wie würde also eine naive Nr. 8 das beschreiben, die nicht weiß, dass sie mit energetischer Expansion manipuliert?
Sie sieht schlichtweg nur sich und ihr Anliegen und ist von ihrem Anliegen überzeugt und kann sich gar nicht vorstellen, dass es außer ihrem Weltbild noch viele andere Weltbilder gibt. Sie verwechselt ihre Welt mit dem Rest der Welt.

Meine Wahrheit ist die Wahrheit schlechthin?
Ja, die des gesamten Planeten.

Woran noch könnte jemand merken, dass er eine Nr. 8 ist?
Daran, dass er in einer Auseinandersetzung auf seiner Sicht beharrt und dann relativ eng wird. Außerdem an der Beharrlichkeit, dass er oft nicht locker lässt und auch nicht so viele andere Eindrücke oder neue Perspektiven in sich hinein gelangen lässt. Eigentlich ist die Nr. 8 ein bisschen vernagelt, weil nur ihre Welt gelten darf.

Ist die Energierichtung der Nr. 8 dann mehr eine Bewegung von innen nach außen als von außen nach innen?
Mehr von innen nach außen, das Außen wird nur beobachtet zum Abchecken und Abschotten, damit ich es im Griff habe, unter Kontrolle.

Wie sind Kontrolle und Macht wichtig?
Es geht darum, die Oberhand zu behalten, deswegen kann von außen auch nichts herein, du kontrollierst die Situation und guckst, was dein Gegner nun wieder einwirft, dann versuchst du natürlich schneller zu sein als er. Du versuchst natürlich auch, seine Weichstellen herauszufinden und zwischendurch draufzuklopfen, wie ein Tier, das auf Jagd ist und sein Revier verteidigt.

Und warum ist es aus der Perspektive der Nr. 8 wichtig, die Oberhand zu behalten?
Ich kann mir heute vorstellen, dass das mit der Machtlosigkeit als Kind zu tun hat. Mit dem Ausgeliefertsein und der totalen Schwäche. Wir haben die Schwäche umgedreht und Stärke vorgegeben. Wie du gesehen hast, rege ich mich gerne auf über meinen Vater, was er mit mir angestellt hat. Es gab aber eine Situation, in der es bei mir Klick gemacht hat darüber, was ich eigentlich mit Menschen mache. Zu meiner hitzigen Zeit hatte ich einmal eine Auseinandersetzung mit Kollegen gehabt. Die habe ich mir immer gerne vorgeknöpft, und ich merke, wie ich gerade einen von ihnen fertigmache. Da fällt es mir wie Schuppen von den Augen, dass ich das, was ich als Kind so gehaßt habe, nun selber praktiziere mit einem anderen.

Ihn in eine hilflose Position zu bringen?
Für mich war es ganz schockierend, dass ich wie ein Wiederholungstäter bin, dass ich also nicht besser bin.

Das scheint mir eine ganz wichtige Wahrnehmung in deiner Entwicklung zu sein. Wie hast du das so lange vor dir geheim halten können? Mit welcher Idealisierung deiner selbst hast du das vor dir verborgen?

Im Beruf zum Beispiel war ich natürlich immer unterwegs mit der Fahne »Sich einsetzen für die Schwachen«, die sich nicht zu Wort gemeldet haben oder die ich unterstützen wollte. Ich hatte auch eine Phase, in der ich die seelische Notstelle für andere war. Es konnte sein, dass ich abends mit den Männern saufen ging und irgendwann nachts läutete das Telefon und jemand brauchte Unterstützung, und ich war die Anlaufstelle dafür. Auch für wildfremde Leute, mit denen ich gar nichts zu tun hatte. Zum Beispiel kam auf einmal eine Kollegin mitten in der Nacht, die Ärger hatte daheim und verprügelt wurde. Es war völlig klar, dass ich das zweite Bett mache, und sie hat dann auf meinen 28 Quadratmetern mit Hund vier Wochen mitgelebt, das ging dann auch.
In Bezug auf das Thema Gerechtigkeit habe ich später festgestellt, dass ich mich damit, dass ich vorgebe, mich für Schwache einzusetzen, eigentlich nur an meinem Vater rächen will. Unter der Gerechtigkeit liegt eigentlich etwas ganz anderes, nämlich die Rache (= mentale Fixierung).

Aber es ist irgendwie immer die Rache an den ursprünglichen Tätern. Du maskierst dich selbst als eine gerechte Person, aber die eigentliche Motivation ist Rache.
Ja, dabei gibst du etwas ganz Soziales vor.

Kannst du etwas über die Konfrontationsbereitschaft der Nr. 8 sagen?
Ja. Ich habe nie gedacht, dass Streiten unanständig ist. Auch Lautwerden, Auf-Konfrontation-Gehen, das war für mich immer in Ordnung. Dazu kam, dass ich in jüngeren Jahren bei den Männern sehr angekommen bin, und ich habe auch mein Äußeres als Waffe benutzt, das war so eine erotische Aggressivität. Die Männer, zum Beispiel Vorgesetzte, fühlten sich davon sehr angezogen, einerseits, das war dann auch widersprüchlich. Ich habe jedenfalls mein Aussehen bewusst genutzt, musste mich aber auch mit meiner Aggressivität nicht einschränken, weil das dem Gegenüber irgendwie Angst und Lust verschafft hat.

Wir haben nun einige der zentralen Themen angesprochen. Wie wirken sich diese, zum Beispiel die Leidenschaften Rache und Exzess, in der Partnerschaft aus?
Das ist schwierig zu beantworten, weil ich nie mit jemandem zusammen gelebt habe. Ich war lange mit jemandem befreundet, einem verheirateten Mann. Am Anfang hatte ich es darauf angelegt, dass er sich trennen sollte, dann habe ich gemerkt, dass ich das eigentlich gar

nicht will. Wenn er sich trennen würde, dann würde er beginnen, mich zu kontrollieren. Er hätte dann nichts Besseres gewusst als mich sofort zu beschneiden, was ich alles nicht mehr tun darf und was sich nicht gehört.

Und das Treibende scheint mir wiederum, dass du dir deine Impulse nicht beschränken lassen wolltest. Und in Freundschaften oder in Arbeitsbeziehungen, wie würden sich die Achterthemen da auswirken?
Am Anfang meines Arbeitslebens hatte ich ein paar Kollegen, die haben mit mir gerne gearbeitet, aber es war ein unbewusster Handel: »Ich lass' mich von dir dominieren, dafür machst du mir ein gutes Projekt.« Ein anderer hat mal geäußert: »Mit Ihnen würde ich nicht vier Wochen arbeiten, weil ich mich nicht vier Wochen unterdrücken lassen will.« Er war, glaube ich, eine Nr. 5. In Arbeitsbeziehungen war ich früher sicher immer sehr dominant. Interessanterweise ist an meinem Arbeitsplatz der Chef zwar hierarchisch über mir, ist aber komplett von meinem Wohlwollen und meinem Einsatz abhängig.

Wenn die anderen sich dann beschweren, unterdrückt und dominiert zu werden, dann heißt das ja auch, dass sich die Hierarchie umgekehrt hat?
Ja, die habe ich immer umgedreht, das habe ich schon recht früh gemacht.

Kann man das vielleicht generell als Anzeichen von euch sehen, dass ihr Hierarchien umdreht, nicht umsonst nennen wir die Nr. 8 auch den »Boss«?
Ja, ich hatte viele Auseinandersetzungen mit meinem Chef, weil ich ihn immer zu meinem Angestellten machen wollte, das konnte natürlich nicht gut gehen. Ich habe mich auch nie geniert, Vorgesetzte zu belehren. Ich habe oft von unten nach oben regiert, mich gleichwertig gefühlt, eher ein bisschen größenwahnsinnig. Wenn ich mich sehr geärgert habe, habe ich das sogar schriftlich gemacht und sie so gezwungen zu handeln, wo sie sich doch lieber aufregen wollten als handeln.

Was wäre ein guter Rat für Kollegen oder Chefs einer Nr. 8?
Zunächst einmal ist wichtig, die Nr. 8 ein bisschen ausagieren zu lassen, damit sie etwas von ihrer Energie, die sie nicht zurückhalten kann, los wird. Erst dann ansetzen, wenn sie einen Teil ihrer Energie versprüht hat.

Und dann wie ansetzen?
Auf jeden Fall nicht belehrend, weil sie das selbst schon macht. Für die Nr. 8 ist Ehrlichkeit wichtig. Unter der Voraussetzung der Ehrlichkeit kann die Art, wie du mit ihr umgehst, ganz unterschiedlich sein. Die Nr. 8 klopft den anderen ab, ob er es ehrlich meint, das kann dann auch unzulänglich sein. Aber wenn die Nr. 8 merkt, dass der andere sich Hintertürchen freilässt, dann schlägt sie drauf.

Und warum ist es so wichtig, dass wir ehrlich sind?
Wenn der andere ehrlich ist, kann ich einen Teil meiner Kontrolle abgeben. Sonst bin ich ja immer mit Kontrolle beschäftigt und muss ausklügeln, dass ich dem anderen einen Schritt voraus bin. ich kann meine Abwehrmechanismen dann ein bisschen entspannen. Und so kann auch eine wirklich ehrliche Begegnung stattfinden, bei der eine Nr. 8 den anderen anhört.

Ein guter Hinweis für Arbeits-, aber auch für Freundschaftsbeziehungen?
Die Nr. 8 macht da, glaube ich, eh keinen Unterschied Privat/Arbeit, weder bei der Arbeit, noch wenn sie Spaß hat. Wenn ich als Acht im Beruf nicht auf meine Kosten komme mit meinem Lustgefühl, dann war das früher für mich eine Katastrophe. Wenn ich nicht auf meinen Lustgewinn, auf meine Befriedigung, auf die Reize komme, das war eine totale Katastrophe für mich. Ich fühle mich dann wie tot, ein Alptraum, jeden Tag stumpfsinnig ins Geschäft zu gehen.

Und was hast du dann gemacht, wenn es stumpfsinnig geworden ist?
Ich habe dann immer wieder Streit, angefangen. Das bietet sich ja an, wenn man das Umfeld kontrolliert, kann man stets mit irgendeinem Streit anfangen, oder im Vorbeigehen kann man ein bisschen verbal auf jemanden einhauen.

Wäre das auch ein Hinweis für die anderen, dass du, wenn du zu streiten anfängst, nicht genug Stimulation hast und mehr Reize, Aufregung, Befriedigung brauchst?
Ja, die Nr. 8 streitet immer dann, wenn sie nicht so recht befriedigt ist.

Was hat dir geholfen, in einen Entwicklungsprozess einzutreten?
Einschneidend für mich waren das Alter und eine Krankheit, zweimal dieselbe Krankheit. Zweimal dieselbe Krankheit, das bedeutet für mich, ich habe das erste Mal nicht alles gelernt. Das war ein harter Schlag,

dieselbe Misere noch mal zu durchlaufen. Du kannst dir dann ausrechnen, dass das mindestens sechs Monate braucht, in denen du kleine Brötchen bäckst. Und dann war es auch in einem Alter (ich war 40), da kam soviel zusammen, dass ich zu der Überlegung kam, so nicht mehr leben zu wollen.

Schwäche durch Krankheit scheint für viele Achten ein Auslöser für Entwicklung zu sein?
Ja. Außerdem war da noch die Sterbebegleitung bei einem Kind von Freunden, das Krebs hatte. Dann ist noch eine Freundin elend an Krebs zugrunde gegangen, und die hat mir eigentlich eine ziemlich klare Botschaft hinterlassen: Ordne dein Leben, schaffe klare Strukturen, weil in meinen Beziehungen auch vieles verwirrt war. Da war alles auf einmal sehr klar, und dann ging ich in kleinen Schritten diesen Weg.

Welche notwendigen Entwicklungsprozesse siehst du für Achten? Welchen Rat würdest du jüngeren Achten geben?
Nicht die Energie zu verschießen und die anderen damit niederzubügeln. Früher habe ich meine Energien im Übermaß verschossen (= Exzess als Fixierung der Nr. 8). Und dann war immer noch was übrig, und die anderen haben das dann abgekriegt. Außerdem bin ich allen inneren Impulsen einfach gefolgt.
Es ist für mich heute wichtig, einen Impuls, wenn er kommt, zu spüren, aber dann zu sagen: »In Ordnung, jetzt ist dieser Impuls da, aber die eigentliche Herausforderung ist, was hinter dem Impuls kommt.« Das ist zwar ziemlich hart für mich als Nr. 8, aber das ist ein ganz wichtiger Punkt. Muss ich jedem Impuls nachgehen oder kann ich den Impuls wahrnehmen, ohne dass ich ihn der Umwelt überstülpe?

Ich habe gehört, dass Achten die Konsequenzen ihres Verhaltens ignorieren würden und es hilfreich für sie ist zu lernen, die Folgen ihrer Impulse und ihres Verhaltens bewusst wahrzunehmen. Ist das so?
Ja, die unreflektierte Nr. 8 folgt ihren Impulsen, und die Auswirkungen beachtet sie überhaupt nicht, auf die Idee würde sie gar nicht kommen. Ich glaube, eine Nr. 8 wäre sehr schockiert, wenn sie ihr verwüstetes Feld oder die Leichen gelegentlich sehen würde oder wenn ihr das Bild vorgehalten würde, welche Wüste sie hinterlassen hat. Ich erinnere mich, ich habe schon einige Leichen hinterlassen. Man kann dann als Nr. 8 nur mit einer Menge Humor auf diese Verwüstungen zurückblicken, weil es schon ziemlich schockierend ist. Wir geben ja

immer vor, für eine gerechte Sache unterwegs zu sein, und dann sind wir ebensolche Wüstlinge wie die anderen, denen wir das ankreiden.

Was ist noch wichtig im Umgang mit Impulsen?
Sich zu fragen, was kommt nach einem Impuls. Was ist denn darin echt vorhanden, was ist denn in Wahrheit unter dem Impuls, das ist eigentlich das viel Wichtigere.

Was hat dir dazu verholfen?
Was mir geholfen hat und mir sehr geholfen hätte, wenn ich es in jungen Jahren gehabt hätte, das ist rhythmische Arbeit, wie ich sie bei R. Flatischlers TA-KE-TI-NA kennen gelernt habe. Ich habe gelernt, Energie in einen Rhythmus zu bringen, sie nicht rauszuschiessen. Für die Nr. 8 ist wichtig, mit dem Körper was zu machen, wie zum Beispiel das Stampfen, was die Afrikaner machen, den Rhythmus in die Erde reinzugeben, da kann die Nr. 8 einen Teil ihrer Energie in die Erde reinschicken und hat nicht soviel übrig, um ihr Gegenüber niederzumachen. Ich konnte mit dieser rhythmischen Arbeit auch lernen zu schauen, ob ich in einem Rhythmus bin, in welchem Rhythmus mein Gegenüber ist, ob ich mit meinem Gegenüber einen gemeinsamen Rhythmus machen kann, damit es nicht ein Kampf ich gegen ihn, er gegen mich ist, sondern etwas Gemeinsames. Und wie verändert sich die Qualität der Kommunikation, wenn ich im Rhythmus, im echten Kontakt bin. Bei diesen Fragen war die rhythmische Arbeit für mich sehr erzieherisch, weil ich mich immer wieder zurückholen kann, wenn ich aus dem Rhythmus falle. Ich habe da ein Instrument, an dem ich merke, wenn ich darüber hinausschieße.

Diese Arbeit hilft dir, das Überschießen von Energie zu begrenzen auf das Maß, das im Moment angesagt ist, ist das richtig so?
Ja, und dann war es noch eine große Herausforderung, einen Rhythmus über einen längeren Zeitraum einzuhalten. Diese Aufgabe, eine halbe Stunde immer wieder dasselbe zu machen und daran auch noch Gefallen zu finden. Das bedeutet, ich muss mich auf etwas echt einlassen. Von dem oberflächlichen Reiz, der mir als Nr. 8 so wichtig ist, muss ich weg und in die Tiefe gehen. Ich gehe in die Tiefe, statt an der Reizoberfläche entlang zu schwimmen. In der Zwischenzeit finde ich es wunderbar, und es ist da, in der Tiefe, wo ich auch berührt werde, weil Reize sind ja nur oben, da wirst du nicht berührt.
Die überschüssige Energie in rhythmischer Weise zur Erde hin abreagieren. Auf die Folgen des eigenen Impulses achten. Darauf

achten, was unter dem ersten Impuls in Wahrheit ist. Etwas Rhythmisches über längere Zeit tun, um zu sehen, was hinter dem ersten Impuls ist. Sich auf einen gemeinsamen Rhythmus mit dem Gegenüber einlassen. Das sind einige gute Ratschläge für die Achten.

Bei den Fragen: »Was ist darunter, bevor ich aggressiv und überenergetisch geworden bin, was ist die Wahrheit darunter«, haben wir bereits die höheren Aspekte der Nr. 8, Unschuld und Wahrheit, gestreift.
Die Unschuld der Nr. 8 ist irgendwie von diesen Impulsen zugedeckt. Dabei denkt die Nr. 8, sie sei unschuldig, weil sie aus ihrer Natürlichkeit heraus agiert, ohne darüber nachzudenken, was in ihrer Umwelt passiert, wenn sie einfach ihren Impulsen nachgeht. Die wirkliche Unschuld der Nr. 8 wird spürbar, wenn sie in ihrer Mitte bleiben kann, ohne dass sie die Energie raus wirft. Dann kommt sie auch zu einer gewissen Weichheit und auch Zartheit.

Die Nr. 8 würde also ohnehin von sich als einer unschuldigen Person denken. Sie würde es aber verwechseln mit dem unreflektierten Rausschleudern von Energie und Ausagieren der Impulse. Es gibt aber, wenn ich dich richtig verstehe, eine Ebene der Unschuld darunter, die viel mit Weichheit zu tun hat?
Ja, ich denke, es ist oft eine Verwechslung, der die Nr. 8 aufsitzt. Die wichtige Frage bleibt immer: »Reagiere ich unkontrolliert aus Naivität heraus, oder reagiere ich aus meiner wahren Mitte heraus «. Das ist Unschuld.

Von der Nr. 8, die findet: »Ich bin größer und stärker als die Welt«, nun zur Nr. 5, zu einem Kopf- und Angsttypus mit der Ansicht: »Ich bin zu klein für die Welt.« Mit der Basiserfahrung einer Welt, die zu viel will und zu wenig gibt, versucht sie, mit ihren Energien, mit ihrer Zeit und ihrer Beziehungswilligkeit zu geizen und sich der auslaugenden Welt durch Rückzug und Beobachtung zu entziehen. Sie übersieht dabei, dass sie der Rückzug mehr Energie und Lebensfreude kostet, als es die Anforderungen der Welt je tun würden.

TYP NR. 5

Die Geschichte

Konzentriere, während du dies liest, deine Aufmerksamkeit zunächst auf den Bauchraum, und spüre den Atem im Bauchraum. Dies ist noch nicht Fünfer-typisch, aber es dient dem Vergleich. Nun ziehe all deine Aufmerksamkeit in deinen Kopf, und halte den Atem an. Danach atme nur flach weiter.
Bleib in deinem Kopf, halte ihn beschäftigt mit Gedanken, Erinnerungen, Geschichten, Plänen. Hier lebst du als Fünfer. Es ist ein sicherer Platz. Niemand kann dich hier herausholen, niemand kann hier hineinkommen. Hier in deinem Kopf kann man dich nicht auslaugen. Auf diese Weise, glaubst du, bewahrst du deine Energie. Ein Freund erscheint und lädt dich zu einem Spaziergang ein. Panik kommt auf. Ein inneres Tauziehen beginnt: ein Teil von dir fühlt sich aufgefordert, mit dem Freund etwas draußen in der wirklichen Welt zu tun und körperlich aktiv zu sein. Ein anderer Teil will darüber erst einmal nachdenken, will nicht heraus kommen, will drinnen bleiben.
Der Freund lädt dich nach draußen ein, aber du willst dich in dich zurückziehen. Das ist ein innerer Kampf, das zehrt an deiner Energie, das ist dein ewiger Konflikt.

Gab es etwas in dieser Geschichte, das dir typisch für dich erscheint?

Das Gefühl von Panik, wenn jemand vorbeikommt und meine Einsamkeit stört. Der Wunsch, in meiner Innenwelt zu sein, und die Erfahrung, gegen den eigenen Willen hinausgezogen zu werden. Außerdem ist das Gefühl, durch die Anforderungen der Welt und die Wünsche der Menschen ausgelaugt zu werden, sehr typisch für mich.

Es löst einen inneren Kampf aus, wenn dich jemand zu einem Spaziergang einlädt, sozusagen nach draußen?
Ja, weil es immer dieses Gefühl gibt, dass ich das nicht möchte, dass meine Aufmerksamkeit nach außen gezogen wird. Die Einladung des Freundes fühlt sich schnell für mich als Forderung an: Ich soll etwas mit der Person tun. Um das tun zu können, muss meine Aufmerksamkeit aus meinem Kopf herausgehen, und ein Teil von mir will das nicht, will sich wieder in sich zurückziehen wie von einem Gummiband gezogen.

Der innere Kampf ist also zwischen »Draussen-sein-Müssen« und »Drinnen-bleiben-Wollen«, und dieser Kampf laugt dich aus?
Ja, früher hätte ich gedacht: es sind tatsächlich die Menschen, die mich auslaugen. Heute bemerke ich, dass das Auslaugen daher kommt, dass ich körperliche und mentale Energie aufwenden muss, um mich drinnen zu halten, wenn mich jemand nach draußen einlädt. Wenn vielleicht jemand möchte, dass ich zuhöre, dann fühlt sich dieser Wunsch an, als ob jemand an einem Gummiband zieht, dessen eines Ende in mir befestigt ist. Es gibt eine gewisse Spannung, und diese Spannung kostet Energie, solange weder die andere Person loslässt und ihr Ansinnen aufgibt, noch ich es aufgebe, drinnen bleiben zu wollen.

Ich verstehe. Wie ist dann das Energieniveau als Nr. 5 im Allgemeinen?
Es ist das Gefühl, generell zu wenig Energie, Zeit und Ressourcen zu haben. Ich frage mich zum Beispiel immer, wie andere Menschen so lange arbeiten können. Sie haben ihren Arbeitstag, dann machen sie ihre Hausarbeit, dann planen sie Dinge, und dies und das muss getan werden, und sie wollen noch ausgehen usw. Es fühlt sich immer an, als ob ich vielleicht nur 30 Prozent der Energie der anderen Menschen hätte. Das stimmt vermutlich nicht, aber so fühlt es sich an.
Zu dem wahrgenommenen Mangel an Energie trägt auch diese Bewegung in meinen Kopf hinein bei. Jeder Organismus hat die Tendenz, die Energie gleichmäßig im Körper zu verteilen, sie auch auszubalancieren zwischen Innen und Außen. Aber wenn du unentwegt in deinem Kopf sein willst, musst du fast einen körperlichen Druck ausüben, um deine Energie in den Kopf zu drücken und sie da zu halten, wie in der Geschichte. Jeder, der diese Übung in der Geschichte nachmacht, bekommt vielleicht eine Ahnung, wie energiezehrend das ist, und wie wenig Energie du nachgefüllt bekommst, weil du dich von deinem Körper und der Welt abgeschnitten hast.

Ich habe von diesem Abschneiden, dieser Spaltung zwischen Kopf und Körper bei den Fünfen gehört. Kannst du darüber noch etwas mehr sagen?
Manchmal fühlt es sich an wie eine Spaltung, wie ein körperlicher Block, zum Beispiel im Bereich des Zwerchfells. Ansonsten fühle ich eher, dass ich meine Energie nach oben treibe, so dass für den Rest des Körpers keine mehr übrig bleibt.

Heißt das alles, dass du lieber allein bist?
Ja, obwohl ich langsam erkenne, dass ich mich ohne Menschen einsam fühle, war das früher doch nicht der Fall. Alleinsein, Dinge alleine zu tun, war immer die erste Wahl. Auch heute noch, wenn mich jemand fragen würde, ob ich es vorziehe alleine oder mit Menschen zu sein, würde ich immer antworten: »Lieber alleine.«

Das hat sicher auch damit zu tun, dass es anstrengend erscheint, mit anderen Menschen zusammen zu sein. Welche Einstellungen kommen in dir auf, wenn du daran denkst, mit Menschen zusammen zu sein?
Menschen nehmen mir von meiner Zeit, von meiner Energie, von meinen Ressourcen weg, und ich habe ohnehin zu wenig davon. Daher ist es wichtig, mit diesen Ressourcen sparsam umzugehen, weil es so wenig davon gibt. Wenn also jemand meine Zeit oder meine Aufmerksamkeit haben möchte, muss ich sorgfältig darüber nachdenken und damit haushalten.

Das muss es ja recht schwierig machen für den Partner einer Nr. 5?
Kann ich mir gut vorstellen.

Wenn ich der Partner einer Nr. 5 wäre, was würdest du dann von mir brauchen, um glücklich zu sein (= »Hamsterpflege«)?
Das kommt darauf an. Wenn du mit einer Nr. 5 lebst, die nicht allzu willig ist, sich zu verändern - wie alle Typen will auch die Nr. 5 sich die meiste Zeit nicht verändern -, dann ist es wichtig, das Bedürfnis der Nr. 5 nach Alleinsein, Für-sich-Sein, nach Privatheit zu achten. Es ist auch wichtig, nicht in den Raum der Nr. 5 einzudringen, indem man zu viel spricht, zu laut ist, zu emotional ist oder ohne zu fragen zu nahe kommen will. Man muss Signale geben, dass man die Privatheit achtet, sobald die Nr. 5 sie haben will. Fünfer können sehr viel mehr Nähe haben, als man glaubt, insbesondere körperliche Nähe ist gut Es muss aber diesen Respekt für Privatheit geben, damit die Nr. 5 sich sicher genug fühlt, Nähe zuzulassen, und wenn ein Partner das vermitteln oder signalisieren kann, dann ist uns das sehr hilfreich. Fünfen achten auch die Bedürfnisse anderer Menschen nach Privatheit und Abgrenzung, das ist einer unserer Vorzüge.

Du sagst, dass es für die Nr. 5 schwierig sein kann, Emotionen des Partners auszuhalten. Wie sehr bist du in Kontakt mit deinen eigenen Gefühlen?

In der Geschichte, in der der Freund mich zum Spaziergang einlädt, gibt es ja zum Beispiel ein Gefühl: Panik kommt auf. Und der Umgang damit ist ähnlich wie mit den meisten Gefühlen. Es gibt ein bisschen ein Gefühl, und dann wird es eingefroren, kontrolliert. Ich habe von anderen Fünfern gehört, dass sie das Gefühl in dieser Weise sozusagen aufbewahren, bis die Situation vorbei ist und sie alleine sind, und dass sie es erst danach richtig durchfühlen oder so richtig verdauen. Bei mir habe ich eher den Eindruck, dass ich das Gefühl einfriere, und nach der Situation kann ich es wieder auftauen, aber das ist dann gleichbedeutend mit dem Verschwinden des Gefühls. In extremen Notsituationen, wie zum Beispiel nach einem Unfall, ist das ganz praktisch. Wir können den Kopf behalten und sehen, was zu tun ist, wenn alle anderen nur noch wirr durcheinander laufen, aber in einer Partnerschaft ist es natürlich nicht so gut. Oftmals, wenn ich das Gefühl einfriere, kann ich dann darüber sprechen, und es ist auch wahr, aber während ich darüber spreche, fühle ich es nicht mehr in voller Stärke.

Für Menschen, die viele Gefühle haben, kann das also mit euch schwierig sein, weil sie vielleicht möchten, dass ihr genau so viel Gefühle habt wie sie. Aber Gefühle sind für dich nicht leicht zugänglich?
Nein, wirklich nicht. Und wenn der Partner es dann noch als Forderung an mich stellt, Gefühle zu haben, dann fühlt es sich so an, als ob ich es nicht tun könnte oder gar kein Gefühl hätte. Es gibt dabei auch ein ärgerliches Element von »ich will es dir auch nicht geben«, selbst wenn ich wüsste, wie ich es tun sollte. So ein ärgerliches Zusammenziehen: »Ich will nicht.«

Wenn du nicht so sehr in Kontakt mit deinem Körper und deinen Gefühlen bist, woher weißt du dann überhaupt, dass du lebendig bist?
Da ich viel denke, hauptsächlich durch Denken. Ich denke, also bin ich, das muss ein Fünfer gesagt haben. Ich fülle mein Gehirn mit Gedanken. Da ist es immer interessant.

Wenn also ein Partner mehr Gefühle von dir haben wollte, gibt es irgendeine Form, wie er das erreichen könnte?
Das ist wirklich schwierig. Sobald jemand auf Gefühlen bestehen würde, gäbe es dieses Zusammenziehen und diesen Wunsch: »Nur weg von hier« Es gäbe auch das Bedürfnis, den Partner einzufrieren und zu kontrollieren, ebenso wie man das eigene Gefühl einfriert. Ich glaube eine typische Nr. 5 wäre nicht sehr bereit, Gefühle zu haben oder zu

geben, wenn sie nicht eine Menge Therapie hinter sich hat. Und obwohl ich eine Menge Therapie hinter mir habe, bin ich in meinem alltäglichen Leben immer noch nicht sehr bereit, Gefühl zu haben oder zu geben.
Aber es sind ein paar Rahmenbedingungen möglich, die ein Partner schaffen kann, um der Nr. 5 das Fühlen zu erleichtern: Signale geben, dass der Wunsch nach Privatheit respektiert wird. Ich muss nicht notwendigerweise ständig alleine sein, aber ich muss vom Partner wissen, dass es, wenn ich alleine sein will, für ihn o. k. sein wird, dann können wir zusammen sein. Solange es eingefordert wird, und es eine Art »Ziehen« oder »Druck« von außen gibt, wird der Partner nicht sehr viel Nähe oder gar unsere Gefühle bekommen. Wenn wir dagegen wissen, dass es für ihn in Ordnung ist, wenn wir alleine sein wollen, dann können wir auch ganz schön nahe sein. Es gibt zum Beispiel in mir ein starkes Bedürfnis nach körperlicher Nähe, und körperliche Nähe ist dann auch für mich die Grundlage, Gefühle zu haben.
Manchmal, wenn ein Partner sehr auf Beziehung besteht und mich kontinuierlich fragt, was ich fühle, dann steigt zunächst meine Abwehr und ich will weg, wenn es aber dann so weiter geht, bricht meine Abwehr auch zusammen und ich habe Gefühle. Dann fühle ich mich seltsamerweise auch mit meinen Gefühlen sicher und komfortabel, aber vorher nicht.
Es tut mir leid, den Partnern der Nr. 5 sagen zu müssen, dass es keinen wirklich guten Trick gibt, die Fünf in Gefühle zu versetzen. Man kann aber einige gute Rahmenbedingungen dafür schaffen.

Dieses Zusammenziehen, von dem du sprichst, hat das etwas mit den Fixierungen der Nr. 5, mit Geiz und Habsucht zu tun?
Ja, ich glaube schon. Seitdem ich mich bewusster wahrnehme, scheint es mir, als wäre ein Muskel in mir, der mich vor dem Kontakt mit der Umgebung zurückzieht, Dabei gehört schon mein Körper eher zur »Umgebung«, nur der Geist nicht. Und diesen Rückzugsmechanismus bringe ich mit dem Wort Geiz in Zusammenhang. Wenn ich nämlich diesem Rückzug Worte geben würde, dann wären sie: »Nein, ich habe nicht genug davon (Zeit, Aufmerksamkeit, Gefühle, Energie), ich muss Energie sparen, Zeit sparen.« Aber auch: »Nein, du bekommst das nicht von mir.« Es gibt da auch eine aggressive Komponente bei diesem Geiz.
Früher hätte ich zum Thema Geiz immer gesagt, das ist kein materieller Geiz, eher einer in Bezug auf Zeit und Energie, aber langsam bemerke ich, dass ich auch in materieller Hinsicht sehr geizig bin. Während

unseres letzten Auslandsurlaubs haben wir ein Apartment gemietet. Für den Gasherd haben sie uns eine Schachtel Streichhölzer hingelegt, und ich habe bemerkt, dass ich die Streichhölzer gezählt habe, um herauszubekommen, ob sie für den ganzen Urlaub reichen würden. Ich habe ausgerechnet, dass vermutlich sogar eines übrig bleiben würde. Sehr beruhigend, denn ich wollte nicht in ein Geschäft gehen und eine neue Packung oder ein Feuerzeug kaufen. Das ist auch dieses Zurückziehen, der Geiz: es scheint besser, mit wenig auszukommen, als viel zu brauchen. Es gibt aber noch eine Ebene darunter. Wenn ich in ein Geschäft ginge und Streichhölzer kaufen würde, dann müsste ich ja mit der Welt in Kontakt treten, mit den Menschen, ich kenne ja ihre Sprache nicht, ich spreche sie nicht, auch haben sie Verhaltensweisen, die ich nicht genau einschätzen kann. Daher versuche ich das zu vermeiden. Ich versuche, mit wenig auszukommen, damit ich mich nicht mit der Welt befassen muss. Und natürlich war das jetzt ein Auslandsaufenthalt. Der Satz: »Ich spreche die Sprache der Menschen nicht« gilt aber im Prinzip ständig: dass ich nicht die Sprache der Menschen spreche, nicht weiß, wie ich damit umgehen soll. Natürlich stimmt das nicht, aber so fühlt es sich an.

Die erste Idee ist: »Ich weiß nicht, wie das geht«?
Und es ist auch Teil des Geizes, dass ich nicht in eine solche Situation kommen möchte, in der ich empfinden würde, dass ich nicht weiß, wie es geht.

Was noch sollten Partner von Fünfen wissen?
Man sagt von uns häufig, wir würden überheblich, arrogant oder kritisch wirken. Wir mögen so rüberkommen, aber die Partner sollten wissen, dass wir uns der Welt in Wahrheit unterlegen fühlen, uns kleiner empfinden als die Welt. Wenn ein Partner von einer Nr. 5 kritisiert wird, dann meist aus Gründen der Abwehr, und es bedeutet eigentlich: »Du bist mir zu nahe gekommen, ohne zu fragen«, oder: »Du hast zu viel von mir gefordert«. Und immer, wenn wir den anderen kritisieren, ist es nicht Kritik, die wir wollen, weil wir eigentlich nicht besonders fehlersuchend oder kritisch sind, sondern wir können kritische Dinge sagen, weil wir den Partner auf Abstand halten wollen. Nimm also den Inhalt der Kritik nicht so wörtlich, sondern denke dir: »Der Kerl beißt, weil er Angst hat, dass ich zu nahe komme.«
Außerdem scheint es, dass wir Kontakt vermeiden. Partner sollten wissen, dass das nicht heißt, dass wir euch nicht gerne bei uns hätten. Es ist nur diese Angst vor dem Ausgelaugt-Werden oder dass jemand

unsere Grenzen nicht achtet. Das bevorzugte Bild einer Fünf von Partnerschaft ist, Rücken an Rücken an einem Strand zu sitzen und jeder liest ein Buch. Es ist sehr wichtig, diesen körperlichen Kontakt zu haben, solange es sich nicht wie ein Eindringen anfühlt. Und auch wenn wir, eure Kontaktversuche immer erst einmal abwehren, sind wir doch auf lange Sicht dankbar, wenn ihr es respektvoll immer wieder versucht.
Wenn wir uns lange nicht melden, heißt das für uns nicht, dass die Freundschaft abgebrochen ist. Fünfen behalten Freunde praktisch ewig im Kopf und unterhalten sich mit ihnen täglich. Wir haben allerdings diese naive Vorstellung, dass das ausreicht. Der Freund ist in unserem Kopf so lebendig, warum ihn also anrufen oder ihn in der Realität sehen. Wir betrachten es einfach nicht als notwendig, Freunde wirklich zu treffen. Natürlich müssen Fünfen lernen zu sehen, wie viel Leid sie dadurch für diejenigen produzieren, die uns nahe sein wollen, aber es mag für den Partner doch hilfreich sein zu wissen, dass er nie vergessen wird.

Wie wirken sich die grundlegenden Themen der Nr. 5 in Arbeitsbeziehungen aus?
Meine Lieblingsposition in Arbeitsbeziehungen wäre es, sozusagen der weise Berater hinter einer Autorität zu sein. Jemand, dessen Wissens-, Denk- und Wahrnehmungsbreite geschätzt wird. Ich habe oft sehr schnelle und unmittelbare Ideen über Arbeitsprojekte, aber Fünfen haben nicht genügend Weltorientierung, nicht genügend Energie (so fühlt es sich jedenfalls an), um diese Ideen in der Welt umzusetzen. Jemand anders sollte das tun. Aber wenn jemand einen Ideenlieferanten braucht, einen Durchdenker, auch einen Langzeitplaner, Langzeitentwickler, da sind wir gut. Wenn mich jemand allerdings auffordern würde: Mach dieses Projekt in einer kurzen Zeit erfolgreich, dann würde ich mich überfordert fühlen. ich hätte exzellente Ideen darüber, wie das zu bewerkstelligen sei, aber jemand anders sollte es verwirklichen.
Außerdem, solange ich in meinem Fünferschema bin, scheue ich Positionen im Vordergrund, in der Öffentlichkeit, auf der Bühne, weil die öffentliche Sichtbarkeit sich sehr unbehaglich anfühlt.

Was hat dir geholfen, dich persönlich weiterzuentwickeln?
Meine erste, automatische Reaktion auf diese Frage ist: »Ich habe mich nie weiterentwickelt.« Das ist sehr typisch für eine Nr. 5. Unabhängig davon, wie groß die wirkliche Entwicklung auf einem Gebiet ist, werden wir immer wieder darauf bestehen, dass sie nicht stattgefunden hat.

Aber trotzdem: Mir hat geholfen zu üben, mit meiner Aufmerksamkeit in meinen Körper zurückzukommen. Ich bekomme dadurch mehr Energie und mehr Verbindung zur Welt. Ich werde nicht notwendigerweise freundlicher dadurch, eher auch territorialer, leichter wütend, offen kontrollierend, auch sexueller, aber es gibt dann zumindest eine starke Verbindung zur Welt, und das hilft mir, aber ich muss es auf einer täglichen Basis üben (= Sicherheitspunkt Nr. 8).

Wie kannst du das üben, die Aufmerksamkeit in deinen Körper zu lenken?
Zum Beispiel als Meditation oder auch bei beliebigen Tätigkeiten, mich für eine Zeit darauf zu konzentrieren, wie ich im Bauchraum atme. Außerdem hilft alles, was mit Körperbewegung zu tun hat. Ich habe solche körperlichen Tätigkeiten als hilfreich empfunden, bei denen man hinfällt, wenn man zu denken anfängt, zum Beispiel Schlittschuhlaufen. Ich habe herausgefunden, obwohl ich sehr spät damit angefangen habe, dass mein Körper weiß, wie das geht. Es ist nicht perfekt, aber macht eine Menge Spaß. Und sobald ich darüber nachdenke, wie man es am besten tut oder meine Gedanken woanders spazieren gehen, falle ich unvermeidlich hin. Es ist ein wirklich gutes Training, etwas zu tun, bei dem Denken einen auf die Nase fallen lässt. Schwimmen war nicht so gut, weil ich endlos schwimmen kann und denken gleichzeitig, Aber auch lange Spaziergänge sind gut: Dabei kann man mit der Aufmerksamkeit schön hin und her pendeln, etwas nachdenken, dann wieder in den Körper und in die Landschaft zurückkommen mit der Aufmerksamkeit, dann wieder ein bisschen denken, und unter dem Strich gibt es dadurch eine größere Hinwendung zum Körper und zur Welt (= Anklang von »non-attachment« als höherem emotionalen Zustand der Fünf).
Die Arbeit mit der Gefühlswahrnehmung muss wahrscheinlich eine therapeutische Arbeit sein. Sie sollte beginnen mit Körperwahrnehmung, durchaus auch mit körperlichem Gehaltenwerden mit der Erlaubnis, alle Gefühle auszudrücken. Ich werde dabei natürlich höchst misstrauisch sein, ob der Therapeut meine Grenzen überschreiten wird, durch Interpretationen, durch Ratgeben, durch Hausaufgaben usw. Ich muss die Erfahrung haben: »Hier ist ein Gefühl, und nun will ich es selbst haben.« Solange es gefordert ist, etwa durch die impliziten Therapieregeln, geht gar nichts, und die Kontraktion, der Rückzug beginnt.

Einer der höheren Aspekte der Nr. 5 heißt auf englisch »non-attachment« (»Nichtanhaftung«). Was ist damit gemeint, und hast du damit irgendwelche Erfahrungen?
Die normale Haltung der Nr. 5 ist »detachment«, das heißt, sich aus der Welt raushalten, sich abspalten von der Welt. Non-attachment ist für mich die Fähigkeit, in die Welt und zu den Menschen zu gehen und mit ihr und ihnen zu verschmelzen, wie es die eher beziehungsorientierten Typen automatisch tun, dann aber und erst dann sich wieder herauszunehmen. Non-attachment ist die Fähigkeit zur Bewegung hinein und heraus, in der Welt sein zu können und außerhalb.
Fünfen sitzen hier oft einer Verwechslung auf. Sie verwechseln ihr automatisches Detachment, ihre Abspaltung, mit der erleuchteten Haltung des Non-attachment. Ich habe viele Partner von Fünfen sich darüber beschweren hören, dass die Fünf denkt, sie sei weise, weltabgewandt und erleuchtet (= Selbstideal), aber es ist eine völlige Perversion dieser Idee, es ist ein Irrweg, und er hat in der Partnerschaft hohe Kosten.

Die Entwicklungsrichtung der Fünf ist also, mehr in den Körper und in die Welt zu kommen, aber auch fähig zu bleiben, sich wieder von ihr zu trennen, die Wahl zu haben?
Die meisten meiner Erfahrungen mit Non-attachment begannen mit körperlicher Bewegung in der Natur, weil die Natur nichts von mir will und sie mit ihrer Schönheit einfach da ist, sozusagen wartet und lockt, dass ich mich ihr nähere. So kann ich ein wenig in sie hineingehen, dann aber wieder zu meinen Gedanken, in meinen Kopf zurückkehren, anschließend wieder hinaus, um mich vielleicht zu orientieren in der Landschaft, man will ja nicht gegen einen Baum rennen, weil man ständig vor sich hin denkt. Und die Landschaft da draußen ist schön, also willst du draußen sein. Und das ist der eigentliche Punkt: dass es mir hilft, draußen sein zu wollen, und deshalb die Frage aufkommt: »Was will ich von der Welt« eher als umgekehrt: »Was will die Welt von mir, und wie ist mir das zuviel?« (= automatische Aufmerksamkeitsrichtung).

Zu merken, dass die Welt und die Menschen dir etwas geben können, und nicht, dass sie etwas wegnehmen wollen, diese Wahrnehmung hilft dir zum Non-attachment?
In meiner zurückgezogenen, abgespaltenen Art würde ich normalerweise denken: »Ich brauche nichts, ich will nichts von der Welt, und die Welt ist nicht so beschaffen, dass ich irgendwas von ihr bekommen kann.« Wenn ich aber zu dem Punkt gelangen kann, wo ich

an die Welt ein Anliegen formuliere: »Ich brauche Hilfe, bitte, ich kann es nicht mehr alleine, ich brauche, möchte etwas von dir«, dann urplötzlich habe ich eine Erfahrung - manchmal kleiner, manchmal größer - von Non-attachment.

Das andere Wort in diesem Zusammenhang ist Allwissen (= höherer mentaler Zustand). Könntest du erklären, was das ist?
Das hat für mich verschiedene Aspekte. Zunächst, auf der Ebene meiner automatischen Persönlichkeit, habe ich den Eindruck, ich muss noch mehr wissen, bevor ich genügend weiß, um in der Welt handeln zu können. So häufe ich Wissen, Gedanken, geistige Systeme an. Diesen Aspekt nennen wir die Habsucht der Nr. 5.
Der höhere Aspekt dagegen ist so: Wenn ich bemerke, dass ich bereits genug weiß, um handeln zu können, dann entspanne ich mich sehr und kann mich auf die Welt einlassen (Non-attachment). Zum Beispiel rührte es mich sehr, als eine befreundete Therapeutin mir nach einem meiner Seminare sagte: »Du hast alles, was es braucht.« Ich glaube, wenn ich mir das klarmachen kann, das ist dann sehr hilfreich.
Auch der Aspekt von Allwissen, dass alles, was ich brauche und wissen möchte, vorhanden ist, aber »da draußen« in meinem Körper und in der Welt, außerhalb meines Geistes, dass ich also hinaus muss aus meinem Geist, hinein in die Welt. Auch das stützt das Einlassen auf die Welt, das Non-attachment.

Hättest du einen Rat für eine junge Fünf?
Was ich in meinem Leben am meisten bedauere, ist, dass ich immer mehr meiner Angst als meiner Lust gefolgt bin. Ich würde gerne meinem jüngeren Selbst sagen: Geh hinaus in die Welt und versuche, dort Spaß zu haben, bevor du damit beginnst, abgehobenes Wissen anzuhäufen. Versuche, eine Gier auf das Leben zu entwickeln, eine Lebenssehnsucht, lerne Frauen kennen, experimentiere herum, selbst wenn du eine Menge Angst dabei hast.
Ein anderer Rat wäre folgender: Es gibt dieses Element, dass ich meinem Denken und meiner Intuition nicht traue. Keiner meiner Intuitionen, weder der des Kopfes noch des Herzens noch des Bauches. Ich weiß heute, dass ich eine ziemlich gute Intuition habe, aber ich habe mir da nie getraut. Mein Rat an die jüngere Fünf wäre: Traue deiner Intuition. Traue deinem Denken, deinem Herzen, deinen körperlichen Wahrnehmungen. Trau all diesen Intuitionen, das wäre mein Rat.

Vom Typ Nr. 5, der versucht, seine Angst vor einer überfordernden, auslaugenden Welt durch den Rückzug von ihr zu bewältigen, kommen wir nun zu Typ Nr. 7. Er hat genau so viel Angst vor der Welt wie die Fünf. Er versucht aber, dieser Angst zu entgehen, indem er sich mental in immer neue angenehme Situationen hineinversetzt oder bestehende Situationen mental verschönt. Auch Schmerz versuchen die Siebenen auf diese Weise zu umgehen, allerdings auf Kosten jeder tieferen menschlichen Beziehung.

TYP NR. 7

Die Geschichte

Denke an eine Zeit, als du etwas ängstlich darüber warst, ob du eine dir gestellte Aufgabe gut erfüllen kannst. Du spürst das Gefühl der Angst in deinem Körper.
Jetzt richte deine Aufmerksamkeit davon weg, und mit deiner Vorstellungskraft stell dir etwas sehr Angenehmes vor, das in der Zukunft liegt. Geh in diese Vorstellung hinein, und male dir aus, wie wunderbar und erfüllend diese Erfahrung sein wird. Schau dir die Farben an, riech die Gerüche, hör die angenehmen Töne. Empfinde die Gefühle. Oh, es ist so angenehm.
Plötzlich bemerkst du, wie das Licht klar auf einen schönen Gegenstand fällt und wie wunderschön er ist. Du entdeckst die wunderschönen Lichtmuster auf seiner Oberfläche, und das erinnert dich etwas anderes Wunderbares. Dann bemerkst du etwas anderes aus deinem Augenwinkel heraus, und wie phantastisch das ist. Das lässt eine Erinnerung aufkommen an eine Situation, in der es dir sehr gut ging, und du genießt diese schöne Zeit.
Inzwischen hast du völlig vergessen, was dir Angst macht. Wenn du dazu zurückkommst, fühlst du dich inkompetent und hast Angst. Aber dann erinnerst du dich, dass du alles tun kannst, wenn du nur daran glaubst. Keine große Sache. Und falls die Angst wieder kommt oder dir langweilig wird, kannst du immer noch an morgen denken, was für ein wundervoller Tag das sein wird. Wie viel Spaß du haben wirst, welche tollen Pläne es anzugehen gilt. Ist das Leben nicht großartig?

Was an der Geschichte erscheint dir typisch oder bekannt?
Gut beschrieben war die Grundstrategie der Schmerzvermeidung. Wenn ich ein unangenehmes Gefühl habe oder meine, es kommt etwas Unangenehmes auf mich zu, dann gibt es diese Flucht in schöne Ereignisse, sei es eine Flucht in etwas aus der Vergangenheit, sei es in die Zukunft, in Dinge, auf die ich mich freue und die ich mir dann in den schönsten Farben vorstellen kann, wobei die Beschreibung in der Geschichte doch etwas nach Hollywood klingt.

Nun, sie wurde auch von kalifornischen Siebenern geschrieben. Welcher Teil war »Hollywood«, und wie wäre die »deutsche« Form davon?
Diese Farben, dieses Schillern, so ein Stück Verklärung oder Heiligenschein, das erscheint mir als »Hollywood«. Gut, da hat einer seine Gefühle beschrieben, wie sie vielleicht so sein können.

Aber die Grundlinie ist die, dass man sich positive Ereignisse ausmalt oder vergegenwärtigt, sowohl zukünftige als auch vergangene?
Ja, sich Dinge aus der Vergangenheit herholen und wieder angucken, das kann sehr präsent sein.

Wie machst du dir das so präsent?
Über Bilder, es ist im Prinzip eine Kopfarbeit. So wie im Kino eine Projektionsleinwand, und dann ist alles wieder da.

Eine Projektion von nicht gegenwärtigen Ereignissen, die Spaß machen, angenehm sind, in die man eintauchen kann. Spielt die Gegenwart auch eine Rolle?
Da hat die Nr. 7 gewisse Schwierigkeiten, im Hier und Jetzt zu sein. Wenn die Gegenwart unerfreulich ist, dann halte ich das eine gewisse Zeit lang aus. Aber nur dann, wenn ich weiß, dass das irgendwann zu Ende ist und wieder etwas Angenehmes kommt. Wenn es angenehm oder schön ist, dann besteht die Tendenz: »Wie kann ich es noch besser gestalten«, aber das passiert auch wieder im Kopf.

Du würdest also selbst bei einem angenehmen Ereignis in irgendeine andere Zeit gehen, um es noch angenehmer zu gestalten?
Ja, es braucht fast schon eine Anstrengung, mir mal zu sagen: »Jetzt ist das schön, jetzt ist das gut, jetzt lass es so!«, und ich muss es mir sehr bewusst machen.

Und es nicht im Geiste noch schöner machen zu wollen?
Oder die Defizite der Situation wahrzunehmen: Es könnte ja noch schöner sein, wenn das und jenes noch dabei wäre.

Aber es ist nicht eine Sehnsucht dabei oder ein trauriges Gefühl: »Ich habe nicht, wonach ich mich sehne«, wie Typ Nr. 4 es haben würde?
Nein, mehr die Vorwegnahme des Positiven, oder wie kann ich da noch mehr daraus machen, wie kann ich das noch steigern.

Ist es das, was wir bei Nr. 7 mit dem Stichwort »Planung« (= mentale Fixierung) bezeichnen, die Vorwegnahme von Dingen, wie man sie noch schöner machen könnte?
Ich sehe darin eher diese Maßlosigkeit (= emotionale Fixierung), dieses »Mehr ist besser, und noch mehr ist noch besser«.

Könntest du diese Maßlosigkeit etwas näher beschreiben? Wie zeigt sie sich in deinem Leben oder im Leben einer Nr. 7 allgemein?
Es hängt zum einen damit zusammen, keine Limitierungen, Begrenzungen zu haben oder zu akzeptieren. Außerdem hängt es zusammen mit dem Glauben, dass es noch weitergehen kann, dass es noch mehr davon gibt. Warum sich mit Wenigem begnügen, wenn es noch mehr gibt? Das kann sich auf alle Bereiche beziehen, sei es in der Partnerschaft, sei es in der Arbeit. Siebener können auch Workaholics (Arbeitssüchtige) sein, solange es Spaß macht, solange es interessiert, solange es irgendwo so eine Komponente von Faszination hat. Für mich ist das so ein Stück Faszination, Dingen nachzugehen und weiter und weiter zu schauen und nicht an einen Endpunkt zu kommen, an dem man sagt: »Es mag noch mehr geben, aber es interessiert mich jetzt nicht.« Es ist wie eine Unruhe, ein Antrieb, es noch weiter zu treiben.

Wie würdest du dann das Stichwort der »Planung« beschreiben?
Das ist etwas, das mir praktisch ständig präsent ist. Es gibt kaum Momente am Tag, wo das Gehirn nicht irgendetwas plant oder versucht, Zusammenhänge herzustellen oder an Problemen zu arbeiten. Dies bewerkstellige ich ungefähr so (= Arbeitsstil): Ich nehme ein Problem auf, arbeite es durch, lege es ab, dann kommt das nächste, und nach zwei Stunden nehme ich den ersten Ordner wieder auf und plane weiter. Besonders gut funktioniert dieser Stil, wenn ich auf Reisen bin, wenn ich auch Zeit habe dafür, oder beim Autofahren.

Der Geist geht ständig hin und her auf verschiedene Bereiche, wo man ein Stück weiterplanen kann, und dann lässt man das wieder liegen und fährt mit etwas anderem fort?
Ja, und es gibt dann ständig Dinge im Leben, die noch unerledigt sind, die ich noch machen möchte, und ich plane und plane. Ich kann sozusagen eine Problemsituation abwarten, ich warte dann nur auf gewisse Gelegenheiten, und wenn diese schließlich eintreten, so habe ich im Prinzip alles schon parat.

Alles ist bereits geplant, so dass du vorbereitet bist, wenn die Realität dann eintritt. Wie verhältst du dich, wenn die Dinge langweilig werden, oder besser gesagt, wenn sie stetig werden?
Ich reagiere unterschiedlich, ich kann sehr unleidlich werden, unzufrieden, mürrisch. Routine verdirbt den Spaß am Leben.

Aha, einige Leute würden sagen, Routine ist die Essenz des Lebens, schön, wenn man Dinge wiederholen kann?
Bis zu einem gewissen Grad ja, aber irgendwann wird es langweilig. Es ist natürlich so ein Lernprozess der Nr. 7 zu akzeptieren, dass Routine zum Leben auch dazugehört.

Aber das muss gelernt werden, das ist im Ansatz nicht drin?
Ich muss mir das bewusst machen, dass auch gewisse Pflichten einfach dazugehören, die sich wiederholen, das ist so. Und das ist meistens so eine Art von Durchleiden dieser Zeit, natürlich kommt dann auch wieder etwas anderes.

Können wir ein bisschen über Leid und Angst sprechen, weil auch in der Geschichte das Thema Angst angesprochen war? Auch im Vorgespräch sagtest du, Angst und Leid seien dir früher nicht so bewusst gewesen, kannst du das ein wenig kommentieren?
Früher habe ich das Leben sehr positiv betrachtet, und auch Dinge, die mir widerfahren sind, Rückschläge oder auch leidvolle Erfahrungen, habe ich relativ schnell abgeschüttelt, weil dann wieder etwas Neues kam. Mir war das also gar nicht bewusst, dass ich Angst habe. Mein Vater war eine Nr. 6, und ich habe mich über ihn aufgeregt, weil er ständig darüber nachdachte, was alles Schlimmes passieren könnte. Ich dachte, mir passiert nichts, das war meine Einstellung, naiv, mir passiert nichts, es wird alles gut. Erst im Bewusstwerden der eigenen Struktur wurde mir klar, dass ich Leid aus dem Wege gehe und wie viel Anstrengungen ich deshalb unternehme. Noch mal zurück zur Angst.

Wenn gewisse Ereignisse im Leben eintreten, bei denen ich zugeben muss: »Da ist jetzt meine Grenze, und ich stehe praktisch nackt da«, dann ist das eine Chance für mich als Nr. 7 zu fragen, wie sieht die Realität wirklich aus, nicht nur in meinem Kopf, sondern wie sehr lebe ich überhaupt in der Realität? Und dann habe ich gemerkt, dass ich eigentlich sehr große Existenzängste habe, aber ich habe mich ab dann auch dementsprechend verhalten können, indem ich vorgesorgt habe und meinen Kopf einmal nicht für die Planung schöner Optionen, sondern für die Frage genutzt habe, was würde passieren, wenn... Ich habe dann wirklich geplant, mich vorbereitet, es war so ein halbes Sechser-Szenario. Erst wenn die Nr.7 zur Besinnung kommt, weil sie auf die Nase fällt oder richtig eine drauf bekommt, dann wacht sie auf oder hat die Chance aufzuwachen.

Ich finde es sehr interessant, wie du die Fähigkeit oder den Zwang, Dinge im Geiste positiv vorwegzunehmen, an so einem Wachstumspunkt in Richtung auf die Nr. 6 verändert hast: den möglichen negativen Verlauf der Dinge vorwegzunehmen und dann ein Sicherheitsprogramm zu planen, was im Falle X zu tun ist.
Da kommt mir die Einstellung zu Hilfe: »Wie gehe ich dem Leid aus dem Weg?« Ich kann mir ganz gut vorstellen, was auf mich an unangenehmen Dingen zukommen könnte, eine schmerzvolle Erfahrung, eine Trennung. Aber ich plane allerhand, um vorzusorgen, damit der Schmerz nicht so groß wird. Angenommen zum Beispiel, ich würde mich jetzt vom Partner trennen wollen, dann würde ich im Vorfeld schon verschiedene andere Beziehungen beginnen, um Alternativen zu haben, damit der Schmerz der Trennung nicht so groß ist.

Es sieht also an der Oberfläche nur so aus wie die Suche nach Spaß, aber in der Tiefe ist es die Vermeidung von Schmerz?
Ja.

Auf die Gefahr der möglichen Wiederholung, aber wie würde eine Nr. 7, die ihr Selbststudium beginnt, herausfinden können, dass sie eine Nr. 7 ist?
Dadurch, dass sie von anderen Leuten gewisse Eigenarten gespiegelt bekommt, vorausgesetzt, dass sie das auch annehmen kann. Es ist die große Gefahr bei der Nr. 7, dass sie sagt: »Das hat alles nichts mit mir zu tun, das betrifft mich alles nicht.« Wenn ich dagegen annehmen kann, was andere Menschen über mich sagen, und damit ein Stück

nüchterner (=höherer emotionaler Zustand) werde, dann ist die Chance da, mich zu verändern. Nur, was treibt mich als Nr. 7 dazu, warum soll ich mich überhaupt ändern, es läuft doch alles gut, das Leben läuft wunderbar aus der Sicht der Nr. 7, also wieso soll ich mich ändern?

Es wäre demnach für die Nr. 7 besonders schwierig, einen Prozess des Selbststudiums zu beginnen, weil die Motivation dafür fehlt. Es ist ja alles wunderbar, und nur dann, wenn es einerseits Spiegelungen oder Rückmeldungen aus der Umgebung gibt und diese andererseits auch angenommen werden können, fängt so ein Prozess überhaupt erst an. Wie würde eine Nr. 7 sich verteidigen, um Rückmeldungen aus der Umgebung nicht annehmen zu müssen?
Ich sag's mal übertrieben, indem man den anderen für verrückt erklärt. Es stimmt doch alles nicht, was du sagst, es trifft auf mich nicht zu.

Und du würdest sehr viel Energie und Intelligenz in die Begründungen hineinlegen können, warum die Position des anderen nicht stimmt?
Ja, und ich denke, da sind die Siebener argumentativ recht gut drauf, aufgrund des schnellen Denkens, das sie haben, und aufgrund der Fähigkeit, sich aus Unangenehmem herauszureden (= Rationalisierung als Abwehrstrategie).

Das Denken ist schnell, und im Grunde seid ihr immer schneller in der Begründung, warum die Position des anderen nicht stimmt und von - daher die Rückmeldung nicht angenommen werden muss. Was würde eine Nr. 7 dann dazu bringen, Rückmeldung zu akzeptieren oder Begrenzung, Limitierung zu sehen?
Wenn mir die Person sehr nahe steht, wenn ich merke, da ist ein vertrauter Raum da und der andere möchte mich nicht verbessern; belehren oder an mir herumdrehen, sondern ich spüre, dass er es wirklich gut mit mir meint und ich wegen der Rückmeldung oder meiner möglichen Angst oder wegen des Schmerzes auch nicht aus der Partnerschaft oder der Beziehung raus falle, dann kann ich mir anhören, was der andere sagt. Es ist eine Grundstruktur der Nr. 7, sich aufgrund des Positiven, der Fröhlichkeit usw. die Streicheleinheiten und Anerkennung des anderen zu holen. Ich habe dementsprechend oft die Erfahrung gemacht, wenn ich plötzlich anders bin als die Welt mich kennt, dann wird gesagt: »Was ist mit dir los, bist du krank?«, es kommen dann also unterschwellige Botschaften wie: »So wollen wir dich nicht haben.« Aber diese nicht fröhliche Seite ist ja auch in mir, aber ich lebe

sie nicht oder ich darf sie nicht leben. Vielleicht meine ich auch nur, ich darf sie nicht leben. Wenn aber so ein Raum der Vertrautheit vorhanden ist, wo ich auch diese Seite. leben kann, und merke, dass ich deswegen nicht abgelehnt werde, dann getrau ich mir das, Stück für Stück, sehr vorsichtig. Da habe ich von früher her so eine Vorsicht, wieweit ich mich da raustrauen kann.

Ein Partner könnte dir also in deiner Entwicklung helfen, indem er diese Seite auch sieht und deutlich macht, dass er in der Partnerschaft bleibt und dass er dich auch mag und dir Zuwendung geben kann, wenn du in dem »negativen« Teil bist?
Ja.

Wir haben über die Unmäßigkeit und das Planen der' Nr. 7 gesprochen. Wie macht sich das in der Partnerschaft bemerkbar?
Am Beginn einer Partnerschaft oder in dieser Phase des Verliebtseins, da gibt es noch »die eine« Partnerin, und die Maßlosigkeit kommt dann darin zu Ausdruck, dass ich sie voll und ganz für mich haben möchte. Ich kann mich auch erinnern, dass am Anfang sehr viel Eifersucht im Spiel war, ich dachte empört: »Ich genüge doch«, und es gab so ein Stück »du gehörst mir allein«, »wir machen alles miteinander«, so wie im Märchen, »und wenn sie nicht gestorben sind ...«
Es wird außerdem viel geplant, und es werden auch Zukunftsträume geschmiedet, »dies und jenes könnte man noch tun, sich zum Beispiel beruflich verändern«, und wenn man diese Gedanken nachher auf den Realitätsgehalt prüft, bleibt oftmals nicht viel übrig.

Das ist auch eine der Beschwerden, die ein Freund oder Beziehungspartner dann anmeldet?
Ja. »Du redest viel, aber du setzt es nicht um.« Und auf der einen Seite ist die Beziehung mit einer Sieben für den Partner sehr anregend, aber wenn da nichts realisiert wird oder nur im Kopf oder in der Planung bleibt, dann ist es für den Partner nicht sehr erfreulich. Mir ist es außerdem so gegangen, dass gewisse Träume einfach zerplatzen und ich mich anschließend in einer Situation wieder finde, wo dies so offensichtlich ist, dass ich zugeben muss: »Es ist nicht so, oder es ist weit entfernt von dem, was ich mir erträumt habe.« Ich kann dann aber wieder sehr viel Energie aufbringen, um mir etwas Neues aufzubauen. In der Fähigkeit, Energie auf bestimmte Ziele hin zu fokussieren, bin ich nicht weit von der Nr. 3 entfernt, es muss nur ständig anregend bleiben, sonst ist meine Motivation dahin.

Wie machen sich die Grundeigenschaften der Nr. 7 in Arbeitsbeziehungen bemerkbar?
Die Nr. 7 möchte dem Gesprächspartner gegenüber immer als kompetent erscheinen und als solches geachtet werden, wobei die Kompetenz manchmal sehr dünn ist. Ich erinnere mich an einen Fall, wo ich in ein neues Arbeitsfeld gekommen bin und nach vier Wochen Fabrikanlagen anschauen musste. Ich hatte keine Ahnung, null Ahnung, von Werkstoffen. Aber ich habe alles inspiziert und geschaut und meine Kommentare abgegeben. Keiner hat gemerkt, dass ich keine Ahnung hatte. Manchmal bezeichnet man die Nr. 7 ja auch als Scharlatan: Wir haben so eine Fähigkeit, aus ein paar Fakten etwas Gutes darzustellen, mit einem entsprechenden Fachvokabular. Vor zwei Jahren allerdings, als ich wieder einen neuen Arbeitsbereich angefangen habe, kam dann eher die Einserqualität zum Tragen, mein Stresspunkt, da wollte Ich alles perfekt lernen, mich total kundig machen. Vielleicht hängt das aber auch damit zusammen, dass ich zu lange auf zu dünnem Eis gegangen bin und auch eingebrochen bin. Siebener können durchaus einbrechen, und die meistens lernen nur dadurch etwas über ihren Charakter.

Ein Standardsatz, den wir über Typ Nr. 7 sagen, ist, dass es ihnen leicht fällt, Dinge anzufangen, aber schwer, sie durchzuhalten und abzuschließen?
Das kommt daher, dass es ja so viele tolle Möglichkeiten gibt. Und die Begeisterung, die ist am Anfang wirklich da, die ist auch echt. Nur wenn die Dinge lange dauern oder sich anders entwickeln, als sie sich das vorgestellt hat, oder wenn sie mühsam werden oder der Weg sich in einen steinigen verwandelt, dann kann die Nr. 7 schnell die Lust daran verlieren. Das ist wahrscheinlich auch der Grund, warum sie verschiedene Dinge parallel laufen lässt, und von einem Pferd aufs andere springt, je nachdem, welches grad vorne ist.

Damit wir, wenn das Sitzen auf einem Pferd langweilig wird, wenigstens im schnellen Wechseln eine gewisse Spannung haben? Das wäre ja auch ein guter Ratschlag für Siebener, die innerhalb ihrer Dynamik effektiv sein wollen, die Pferde schnell zu wechseln, wenn die Dinge langweilig werden.
Ich kenne Siebener, die sehr stolz darauf sind, so vielseitig zu sein, von jedem ein bisschen zu können, aber nichts richtig, das sind so die Generalisten. Auf der einen Seite ist das ein Vorteil, weil ich von vielen

Gebieten eine gewisse Ahnung habe und auch Verknüpfungen herstellen kann. Auf der anderen Seite ist das aber auf die Dauer sehr unbefriedigend, weil die Substanz und die Tiefe irgendwo fehlen, und wenn ich dann einem Experten gegenübersitze, der nimmt mich dann in drei Sätzen auseinander, und das ist dann beschämend.

Welchen Ratschlag würdest du einem Partner einer Nr. 7 geben wollen? Wie pflegen wir unseren »Siebener-Hamster«?

Zum einen: Die Sieben wenig begrenzen. Was eine Sieben nervt, ist, über alle möglichen Schritte Rechenschaft ablegen oder dem Partner alles transparent machen zu müssen. Mit Begrenzung, Einschränkung durch den Partner, tut die Sieben sich schwer.

Eine gute Möglichkeit ist folgende: Wenn eine Tätigkeit mit viel Begeisterung und Enthusiasmus begonnen wird und der Partner das unterstützt, kann und sollte dieser dann aber auch gewisse Dinge einklagen, zum Beispiel darauf bestehen: »Das haben wir aber vereinbart«, wenn die Nr. 7 anfängt mit: »Jetzt wird's langweilig, komm, machen wir lieber etwas anderes.« Ich denke, die Nr. 7 braucht es, dass ihr ab und zu der Kopf gewaschen wird in der Richtung: »Komm jetzt mal wieder auf den Boden.«

Welche Reaktion hat der Partner von »seiner« Nr. 7 dann zu erwarten?

Ein großes Repertoire, angefangen von heftigem Widerstand, über Selbstverteidigung bis hin zum Eingestehen und der Übereinkunft: »In Ordnung, wir machen das.« Im Grunde ist es einer Nr. 7 eine große Hilfe, wenn er jemanden hat, der ihm sagt: »Ich lieb dich trotzdem, aber jetzt komm mal wieder runter auf den Boden.«

Was hilft einer Nr. 7, sich zu entwickeln? Wie kann ein Partner bei der Veränderung assistieren?

Bei der Frage sträubt sich etwas bei mir, weil ich es gerne für mich selbst machen möchte, und wenn ich Hilfe benötige, dann sage ich das, oder wenn ich einen gewissen Rahmen brauche, wenn ich zum Beispiel gerne ein Zimmer für mich alleine hätte, dann sage ich das auch und erwarte vom Partner eine gewisse Toleranz.

Du sagst, du möchtest es am liebsten selbst tun. Was hilft einer Nr. 7, in einen Selbstveränderungsprozess einzutreten?

Ein ganz praktischer Schritt wäre, mehr Ruhe ins Leben zu bringen. Ich hatte früher panische Angst, wenn ich Zeit für mich alleine hatte. Da war nichts los, was soll ich nur tun, da läuft ja nichts, alles ist so langweilig. Und ich glaube, eine Nr. 7 muss lernen, die Schrittgeschwindigkeit runter zu nehmen und weniger Projekte zu beginnen, um Zeit für sich selbst zu haben, und zwar für sich selbst alleine (= Sicherheitspunkt Nr. 5). Das kann spazieren gehen sein, ein Buch lesen, meditieren. Wobei beim Meditieren eine Fülle von Gedanken kommt, die zu reduzieren für die Nr. 7 am Anfang besonders schwierig ist.

Welche weiteren Entwicklungshinweise hättest du für die Nr. 7?
Es scheint mir sehr wichtig, von der Fülle der Gedanken, die in meinem Kopf sind, auch etwas meiner Umwelt mitzuteilen. Ich mache das kaum, obwohl das sehr wichtig wäre. Wobei es dann aber auch erlaubt sein müsste, wirklich alle Gedanken auszubreiten, ohne dass das gleich gerichtet oder beurteilt wird oder in eine sinnvolle Handlung überführt werden muss.

Ich höre das Fünferthema des Rückzugs als Entwicklungsmöglichkeit, das vermutlich erst einmal zum Erleben von Angst führt, ein Engpass, durch den ihr Siebener durch müsst. Außerdem höre ich die Notwendigkeit, der Welt mitzuteilen, was da isoliert im eigenen Kopf vor sich geht.
Ja, ich bezeichne es so: Die Gedanken ins unreine sprechen zu können; und dann ein Stück weiterzugehen, auch die Empfindungen. auszudrücken, die ich habe, das fällt mir sehr schwer. Ich kann zwar schön mit Worten jonglieren, aber das repräsentiert nicht unbedingt die eigene Gefühlslage.

Du deutest auf dein Herz. Was hat dir geholfen, Gefühle auszudrücken?
Den Raum zu haben, auch solche Gefühle auszusprechen, die vielleicht unmöglich wären, oder Gedanken, derer ich mich schämen würde, die ich normalerweise nur für mich behalte. Durch das Aussprechen dieser Gedanken und Gefühle löst sich manches.

Die höheren Aspekte von Nr. 7 sind »Nüchternheit« und »Arbeit«. Könntest du diese aus deiner Sicht kommentieren und vielleicht über Erfahrungen sprechen, die du damit gemacht hast?
Ja. Nüchternheit geht in die Richtung, sich selbst zu limitieren, Beschränkungen aufzuerlegen und auch in Situationen zu bleiben, die unangenehm sind, nicht abzuhauen, wirklich dazubleiben, nicht nur auszuhalten, sondern zu schauen, wie bewältige ich diese Situation. Der Impuls meines Musters ist Flucht, fort, je schneller ich mich bewege,

umso weniger kriegt man mich. Dazubleiben, standzuhalten, kostet sehr viel Überwindung (= Arbeit), vor allem für die darin ungeübte Sieben. Ich habe dann aber die Erfahrung gemacht, dass oftmals das, was nach meiner Meinung an Unangenehmem auf mich zukommt, gar nicht so unangenehm ist. Und wenn ich das durch gestanden habe, dann bin ich auch in gewisser Weise stolz, dass ich das geschafft habe.

Durch das Drin bleiben in scheinbar unangenehmen Situationen (= Arbeit) kannst du die Situation sehen, wie sie wirklich ist (= Nüchternheit). Haben wir irgendein wichtiges Thema vergessen?
Ein großes Thema von Nr. 7 ist auch die Trauer, die eben aufgrund der Struktur nicht ausgelebt wird. Auf einem der »Enneagramm Professional Trainings« konnte ich mich diesem Thema plötzlich nicht mehr entziehen und bin in ein großes Loch hineingefallen. Ich habe gemerkt, dass ich da einen ziemlichen Trauerberg habe, der nicht bearbeitet ist. An gewissen Punkten, zum Beispiel wenn ein Elternteil stirbt, dann wird das noch mal viel deutlicher und viel massiver, und dann ist es wichtig, das zu bearbeiten.

Hiermit beschließen wir das Kapitel der Interviews und wenden uns nun der Frage zu, wie sich die einzelnen Typen entwickeln und verändern können.

TEIL III

SICH SELBST ERKENNEN UND VERÄNDERN: ENTWICKLUNGSHINWEISE UND ÜBUNGEN.

In diesem Abschnitt finden Sie Grundsätzliches zur Arbeit mit dem Enneagramm sowie einige Übungen, die Sie selbst durchführen können.

DEN EIGENEN TYPUS FINDEN

Innerhalb der psychologischen Arbeit mit dem System ist es unsere erste Aufgabe herauszufinden, was der eigene Typus ist. Die Beschreibung der Oberflächencharakteristika (vgl. Seite 16 ff.) mag Ihnen einen ersten Eindruck vermitteln. Zur Vertiefung können Sie die folgende Übung durchführen:

Übung 1: Selbsteinschätzung des eigenen Typus

1. Nehmen Sie ein Blatt Papier, und notieren Sie, wie Sie sich selbst beschreiben würden, zum Beispiel mit zehn Eigenschaftswörtern oder, indem Sie den folgenden Satz zehnmal vervollständigen: »Ich bin ein Mensch, der ...« Notieren Sie jeweils das erste, was Ihnen einfällt.

2. Wenn Sie über Dreißig sind, notieren Sie als zusätzliche Überlegung zehn beschreibende Wörter, die auf Sie mit 25 Jahren zugetroffen hätten (in dieser Zeit ist der Typus oft am deutlichsten)

3. Schreiben Sie zehn Begriffe auf, mit denen andere, Ihnen nahe stehende Personen Sie charakterisieren würden.

4. Notieren Sie, was Ihr Partner über Sie auf dem Höhepunkt eines Konflikts sagen würde.

Vergleichen Sie diese Listen mit den Kurzbeschreibungen der Typen. Vertiefen Sie ihre Einschätzung weiter durch die Lektüre der Interviews im Interviewteil. In welcher der einleitenden Geschichten zu den Typeninterviews und in welchem Interview Sie sich spontan wieder erkennen können, ist ein weiterer Hinweis auf Ihren Typus.

Die Interviews in diesem Buch sind der so genannten Panelmethode verwandt, wo wir in öffentlichen Seminaren zu jedem Typus mehrere Sprecher als Experten über sich selbst darüber befragen, wie sie die Welt sehen, wie sie sich in der Partnerschaft verhalten, wie man mit ihnen gut zurechtkommt, welche Möglichkeiten sie zu ihrer Entwicklung haben. Hier können sich noch unschlüssige Zuhörer spontan in einem der Typen wieder finden.
Das Herausfinden des eigenen Typus sollte nicht vorschnell vorgenommen werden. Eigene Voreingenommenheiten, Vorlieben und Verdrängungen verzerren die Selbsteinschätzung oft bis zur Unkenntlichkeit, und viele von uns müssen zunächst die Fähigkeit der Selbstbeobachtung üben, um genügend Material für eine genaue Selbsteinschätzung zu bekommen (siehe Übung 6). Es ist außerdem gut, die durch Lektüre gewonnene Selbsteinschätzung immer wieder an den Rückmeldungen von anderen Menschen zu prüfen, die sich mit dem Enneagramm befassen. Dies kann in Gruppen auf Selbsthilfebasis oder durch professionell geschulte Berater und Enneagrammlehrer geschehen. Wichtig ist, nicht im eigenen Saft zu schmoren, sondern sich sozusagen dem Licht öffentlicher Überprüfung der Selbsteinschätzung auszusetzen. Lektüre und Tests können dies keinesfalls ersetzen.

DIE WIEDERKEHRENDEN THEMEN STUDIEREN

Die nächste Aufgabe und Entwicklungsmöglichkeit. mit dem Enneagramm ist es, den eigenen Typus, die eigene Funktionsweise besser und in der Tiefe kennen zu lernen und zu verstehen. In diesem Buch ebenso wie in Seminaren der mündlichen Tradition nach Helen Palmer und David Daniels, stehen Ihnen dazu die Schilderungen der grundlegenden, Lebensthemen der Sprecher zur Verfügung. Auch die folgende Übung ermöglicht ein Selbststudium der wieder-kehrenden Themen.

Übung 2: Die wiederkehrenden Themen bewusst machen.

Eine nicht nur in Enneagrammkreisen sehr verbreitete Methode des Selbststudiums ist die, sich eine zentrale Frage immer und immer wieder zu stellen. Sie können diese Übung machen, indem Sie sich vornehmen, auf die Frage eine vorher bestimmte (hohe, zum Beispiel 30) Anzahl von Antworten niederzuschreiben. Die Frage richtet sich auf die »Eingeweide« Ihres Typus, ein wiederkehrendes Verhalten, das gerne im Unbewussten versinkt und das Sie bewusst studieren möchten. Hier je ein Beispiel pro Typ für eine solche Frage:

für Nr. 1: Wie kritisierst du dich und andere?
für Nr. 2: Wie machst Du Dich unersetzlich?
für Nr. 3: Wie sicherst du dir Anerkennung?
für Nr. 4: Wie zeigst du deine Sehnsucht?
für Nr. 5: Wie hältst du dich raus?
für Nr. 6: Wie schaffst du dir Sicherheit?
für Nr. 7: Wie rationalisierst du dein Verhalten?
für Nr. 8: Wie kontrollierst du andere?
für Nr. 9: Wie sagst du nein?

Ihre Aufgabe ist es, trotz der in Ihnen aufkommenden Widerstände immer wieder auf diese Frage zu reagieren. Der Widerstand gegen die Prozedur ist unausweichlich, weil Sie mit dieser Frage diejenigen Teile von sich sondieren, die Sie zwar auch sind, aber nicht sein wollen. Der Lohn ist die Vermehrung Ihres Wissens über Ihre unbewusste Mechanik.

Übung 3: Die wiederkehrenden Themen im Alltag bemerken

Wählen Sie eine für Sie typische Verhaltensweise aus. Es ist anzunehmen, dass Sie diese während des Tages oft und unbewusst ausführen.
Fragen Sie sich nun morgens, bevor Ihr Tagesablauf beginnt: »Wie werde ich heute diese Verhaltensweise X zeigen?« Oder allgemeiner: »Wie werde ich heute die typischen Muster meines Typs zeigen?« Am Abend fragen Sie sich dann: »Wie habe ich heute die Verhaltensweise X oder die typischen Muster meines Typs gezeigt?«
Weiter brauchen Sie nichts zu tun. Dies ist eine Übung in Selbstbeobachtung, nicht in Selbstkritik, Anstrengung und Selbstkasteiung. Die beiden Fragen reichen aus, und Sie werden sehen, wie Sie wacher werden in Bezug auf die unbewusst wiederkehrenden stereotypen Verhaltensabläufe Ihres Typs. (Übung nach Prof. David Daniels, Palo Alto).

Übung 4: Partner zum Gespräch einladen

Bitten Sie Ihren Partner oder einen Freund, Ihnen eine Stunde Zeit zu opfern. Fragen Sie ihn, welche Beobachtungen er über Sie, gemacht hat, insbesondere, welche wiederkehrenden schädlichen Muster bemerkt worden sind. Sie werden überrascht sein, wie viel unsere Partner wissen und wie dankbar sie sind, einmal in ruhiger, nicht konfliktträchtiger Atmosphäre von Ihnen nach Ihren typischen Mustern befragt zu werden. Ihnen selbst fällt es leichter, diese Rückmeldung anzunehmen, weil Sie sich direkt danach erkundigt haben. Auch nach den für die Partner positiven Aspekten kann natürlich gefragt werden.

DEN »SCHATTEN« SONDIEREN

Das Kennenlernen des eigenen Typus ist am Anfang eher leicht und angenehm. Aspekte der Persönlichkeit, die wir an uns bereits kennen oder die wir mögen, sobald wir sie kennen lernen, werden beschrieben. Aber jeder von uns hat Anteile in seiner Persönlichkeit, auf die wir nicht so gerne hinschauen, die wir gerne vor uns verstecken, verkleiden, idealisieren. Hier, beim Studium unseres »Schattens«, passen viele, weil es unangenehm werden kann. Die Aufgabe ist, die immer wieder ins Unbewusste abgleitenden Elemente der eigenen Mechanik. zu studieren und im Bewusstsein zu halten, Orientierung hierfür bieten die Enneagramme der emotionalen Fixierung (Seite 28 und Übung 5), der Aufmerksamkeitsfixierung (Seite 23 und Übung 8), der Selbstidealisierung (Seite 26 und Übung 4). Die Fähigkeit, wach und aufmerksam wahrzunehmen, kann in Übung 6 trainiert werden.

Übung 5: Sich gegen den eigenen Strich bürsten - die Erfahrung der emotionalen Fixierung

Diese Übung vertieft die Erfahrungen, die Sie mit Übung 2 und 3 gemacht haben.
Wählen Sie eine Verhaltensweise, die Sie als für sich und Ihre Persönlichkeit typisch erachten. Beschließen Sie, für eine genau bestimmte Zeit die entgegen gesetzte Verhaltensweise zu zeigen. Wenn ich als Nr. 5 zum Beispiel »Rückzug« als typisch für mich

betrachte, könnte ich beschließen, unter Leute zu gehen und aufmerksam wahrzunehmen, was dann passiert. Die größte Wahrscheinlichkeit ist, dass alle Knöpfe meiner Leidenschaft (= Habgier und Geiz) gedrückt werden. Erst dann, wenn ich gegen den Strich gehe, werde ich die unterliegende Leidenschaft voll wahrnehmen können. Solange ich ihr folge und mein Verhalten von ihr bestimmen lasse, bleibt sie unbewusst.
Sobald die Leidenschaft dann aufkommt und spürbar wird, habe ich eine Wahl: ich kann mich ihr ergeben (was ich oft beschließe, weil es sich Vertraut anfühlt), oder ich kann weiterhin in der neuen Verhaltensweise bleiben und beobachten, was dann in mir geschieht. Vermutlich wird es ein Gefühl steigender Unaushaltbarkeit der Situation geben, bis hin zu Panik oder Überlebensangst. Und was passiert, wenn ich die Leidenschaft dann weiterhin nicht ausagiere, sondern nur beobachte? Abgesehen davon, dass mir als Lohn meiner Bemühung ein enorm erweitertes Verhaltensrepertoire zuwächst, gibt es dann eine gewisse Wahrscheinlichkeit, dass die Leidenschaft umschlägt in ihr, wie wir sagen, höheres Gegenteil, und ich für eine gewisse Zeit aus der Geisterbahn, dem Gefängnis meiner Persönlichkeit, ausgebrochen bin.

Die emotionalen Fixierungen kann man auch gut mit den Übungen 2 und 3 erkunden, wenn man statt einer wiederkehrenden Verhaltensweise die Wörter für die Fixierungen verwendet.

DER MUSKEL DER AUFMERKSAMKEIT

Menschen, die Selbstbeobachtung geübt haben, berichten, dass sie in der Vergangenheit vergleichsweise in einer Art Dumpfheit oder Narkotisierung vor sich hingedümpelt haben. Unsere bewusste Wahrnehmung kann geschult werden, allerdings wird dies nie ein automatischer Prozess. Ähnlich wie bei einem Muskel kann die Fähigkeit zur bewussten Wahrnehmung ohne Übung sehr bald wieder erschlaffen oder: einschlafen. In Bezug auf das Training des »Aufmerksamkeitsmuskels« profitieren Menschen auf der ganzen Welt von folgender Meditation:

Übung 6: »Awareness« schulen

Nehmen Sie sich täglich 15 oder 30 Minuten Zeit, in der Sie nicht gestört werden. Wenn Sie bereits meditieren, nehmen Sie Ihre Meditationshaltung ein, wenn nicht, setzen Sie sich halbwegs aufrecht auf einen Stuhl. Beginnen Sie, bewusst wahrzunehmen, wie Ihr Atem in Sie hinein und aus Ihnen herausströmt. Konzentrieren Sie Ihre Aufmerksamkeit nun zunehmend auf die Atembewegungen im Bauchraum, und beobachten Sie, wie die Bauchdecke sich hebt und senkt, oder finden Sie den tiefsten Punkt, an dem Atem noch spürbar ist. Tun Sie nun für die Zeit, die Sie sich vorgenommen haben, nichts weiter, als Ihrem Atem im Bauchraum zu folgen. Fragen Sie sich gelegentlich: »Wo ist meine Aufmerksamkeit gerade hingewandert?« Kehren Sie dann sanft, aber deutlich zum Ausgangspunkt zurück: dem Atem im Bauchraum. Darauf, wie die Bauchdecke sich hebt und senkt.

Voraussichtlich werden Sie dabei einige Erfahrungen machen: Ihre Fähigkeit sich zu konzentrieren, ist mager. Ihre Aufmerksamkeit schweift auf alles Mögliche ab. Auf Äußeres: Geräusche, etwas, das Sie sehen, hören oder von außen fühlen können; und auf Inneres: Bilder, Phantasien, Erinnerungen, Vorstellungen, Gefühle, Körperwahrnehmungen. Die Aufmerksamkeit wird immer von dem einen gewählten Bezugspunkt, dem Atem, abwandern. Wohin exakt ihre Aufmerksamkeit sich ablenkt, ist vermutlich für Sie und Ihren Typus typisch (vgl. die automatischen Aufmerksamkeitsrichtungen im Theorieteil).

Nach einiger Zeit der Übung können Sie folgende Erfahrungen machen:

- Sie werden sich generell wesentlich besser auf einen Punkt konzentrieren können.
- Leidenschaft, automatisierte Aufmerksamkeit und Dynamik des eigenen Typus werden Ihnen wesentlich stärker bewusst, auch während der Meditation, und diese werden in ihrer Unsinnigkeit und langweiligen Wiederkehr immer deutlicher und unerträglicher.
- Manchmal gibt es einen »Durchbruch« oder ein sanftes Wegschwemmen der Persönlichkeit in Richtung auf den

höheren Aspekt oder in andere Bereiche eines erweiterten Bewusstseins.

So schlicht diese Übung erscheint: Sie kann sehr wirkungsvoll sein. Sollten Sie unangenehme Wirkungen spüren, so lassen Sie sich besser von einer in Meditation oder Therapie erfahrenen Person begleiten.

In den Zeiten vertieften Selbststudiums fühlen wir uns oft recht unwohl mit unserem Typus und uns selbst, weil wir uns mit Dingen konfrontieren, die wir eigentlich nicht wissen wollen, und weil Fortschritt in diesen Zeiten außerordentlich zäh erscheint. Unsere Partner berichten jedoch, dass sich die Ecken und Kanten unseres Typus, soweit sie bisher störend waren, enorm entschärfen und wir reifer und verträglicher werden. Auch Übung 7 hilft, in diesen Zeiten nicht zu verzweifeln und sich selbst anzunehmen.

Übung 7: Den eigenen Typus akzeptieren

Jeder Mensch hat in Bezug auf seinen eigenen Typus eine gewisse Scham und das Bedürfnis, ihn zu verhüllen oder vorschnell zu verändern. Die Erfahrung hat aber gezeigt, dass eine wirkliche Veränderung des typischen Verhaltens paradoxerweise mit einer größeren Selbstakzeptanz und einem Sich-selbst-Lieben trotz oder auch wegen des Typus einhergeht. Hier ist eine Übung in Selbstakzeptanz:

1. Notieren Sie zehn Dinge, die Ihnen an Ihrem typischen Verhalten gefallen, die gut für Sie oder für andere sind. Sprechen Sie mit einem Partner darüber (dies ist eine gute Übung für Gruppen, zum Beispiel für Selbstentwicklungsgruppen auf Enneagrammbasis).

2. Notieren Sie einige Dinge, die Ihnen an Ihrem Typus nicht gefallen und die Sie verändern möchten. Wählen Sie eine solche Verhaltensweise (X) für die weitere Übung aus.

3. Beantworten Sie für sich alleine oder zusammen mit dem Partner die Frage: »Wie hat mir diese Verhaltensweise X geholfen zu überleben, als ich klein war? «

4. Gehen Sie nach innen, richten Sie sich an den Teil von Ihnen, der dafür gesorgt hat, dass Sie diese Verhaltensweise gelernt haben, und danken Sie diesem Teil innerlich für die Absicht, die positive Intention, die er für Sie hatte, auch wenn das Ergebnis Sie heute eher missmutig stimmt.

5. Führen Sie einen inneren Dialog mit diesem Teil, und versprechen Sie ihm, dass Sie die Verhaltensweise nicht ändern werden, bevor Sie nicht gute Alternativen gefunden haben, die die ursprüngliche Absicht berücksichtigen, aber zu besseren Ergebnissen führen.

6. Erinnern Sie sich an eine Zeit, in der Sie sehr kreativ waren und in der es für jedes anstehende Problem eine leichte, kreative Lösung zu geben schien. Baden Sie ein wenig in dieser Erinnerung. Sie haben nun vermutlich Kontakt zu der kreativen Seite Ihres Wesens.

7. Richten Sie sich innerlich an Ihren kreativen Teil, und bitten Sie ihn, Ihnen einige Phantasien über neue Lösungsmöglichkeiten des alten Dilemmas einzugeben. Nach dieser Bitte bleiben Sie mit geschlossenen Augen ein paar Minuten lang sitzen, und lassen Sie sich von allen Bildern, Tönen, Wörtern, Gedanken, Phantasien, auch Gefühlen und Körperwahrnehmungen, die kommen wollen, überraschen. Nehmen Sie alles was kommt als mögliche Antwort des kreativen Teils auf Ihre Frage oder Bitte ernst.

Probieren Sie den einen oder anderen Vorschlag aus.

VERÄNDERUNG

Übung 8: Die Gefängnistür öffnen - die Umkehrung der Aufmerksamkeitsrichtung

Wie Sie im Kapitel über Aufmerksamkeitsrichtungen gelesen haben, bastelt jeder Typus sich seine Welt (oder sein Gefängnis, seine Geisterbahn) dadurch, dass seine Aufmerksamkeit automatisch nur in eine von vielen möglichen Richtungen abgelenkt wird. Mit Hilfe der Übung 6 können Sie lernen, diese Automatik bewusster wahrzunehmen.

Sobald Sie sich bei einer automatischen Ausrichtung der Aufmerksamkeit »erwischen«, können Sie beginnen, diese bewusst in eine neue Richtung zu lenken und dadurch die Gefängnistür zu öffnen.

Sie können die Aufmerksamkeit auf eine der acht anderen Richtungen lenken oder einfach auf das Gegenteil dessen, was Sie normalerweise tun würden. Beispiel: Als Nr. 4 ist meine Aufmerksamkeit auf »das Beste im Fehlenden und das Schlechteste an dem, was ich habe«, gerichtet. Wenn ich mir für einen Moment dessen bewusst werde, kann ich üben, sie stattdessen auf »das Beste an dem, was ich habe, und das Schlechteste im Abwesenden« zu lenken (= Richtungsumkehr) oder aber dem Muster eines anderen Typus entsprechend, zum Beispiel Nr. 2, auf »deine Bedürfnisse«, also auf die Bedürfnisse der anderen Menschen.
Ich erweitere dadurch mein Gesichtsfeld und beginne, den Rummelplatz außerhalb der Geisterbahn zu sehen. Lesen Sie daher noch einmal über die für Sie typische Aufmerksamkeitsrichtung nach, und überlegen Sie sich, was die genaue Umkehr dieser Richtung wäre, oder auf welche andere Richtung Sie übungsweise Ihre Aufmerksamkeit lenken wollen. Legen Sie einen Zeitrahmen fest, innerhalb dessen Sie sich einmal auf die neuen Inhalte konzentrieren wollen, und tun Sie das dann.

Übung 9: Einen »Trainer« finden

Ein exzellentes Trainingsprogramm beginnt, wenn ich mir sozusagen einen Trainer eines anderen Typus suche. Zum Beispiel einen Vertreter meines »Sicherheitstypus«. In dieser Richtung liegt ja, wie eine Theorie besagt, meine Entwicklung. Aber ich kann mir auch einen Vertreter eines anderen mich interessierenden Typus als »coach« heraussuchen. Einzige Voraussetzung er soll einigermaßen bewusst wahrnehmen können und nicht völlig In der Dynamik des eigenen Typs versackt sein.
Bitten Sie diese Person zunächst, Ihnen freundlich und vorsichtig klarzumachen, was aus ihrer Sicht an Ihnen nicht stimmt. Wenn Sie eine Nr. 5 wären, würde Ihnen eine Nr. 8 sagen: »Du hast keine Gier nach Leben, es fehlen dir exzessive Befriedigungen.« Eine' Nr. 4 dagegen könnte Ihnen antworten: »Du hast zu wenig Beziehung, deine Gefühle sind auf Sparflamme« Die Nr. 8 könnte Sie nun darin unterrichten, was

sie tut, um Lebensgier und Befriedigung zu bekommen. Die Nr. 4 könnte Ihnen zeigen, wie Sie Dinge intensiv und tief und kleine Gefühle größer machen können.

Am leichtesten finden Sie solche »Trainer« natürlich in enneagrammbegeisterten Umgebungen. Wir vermitteln Ihnen gerne Menschen, die bereit sind, Ihnen in dieser Hinsicht zu helfen. Sie können aber auch jemanden auf Grund Ihrer eigenen Expertise auswählen, ihn über seine Aufgabe unterrichten und sich dann (stunden- oder tageweise) trainieren lassen.

Übung 10: Den inneren Verboten durch Erlaubnisse entgegenwirken

Die psychotherapeutische Methode der Transaktionsanalyse arbeitet gerne mit der so genannten Erlaubnismethode. Erlaubnisse sind Sätze, die sich gegen innere Blockaden, Hemmungen oder Verbote richten, die wir typischerweise haben. Man kann sie sich selbst vorsagen oder von jemand anderem sagen lassen. Die Arbeit mit Erlaubnissen entfaltet ihre größte Wirkung in der Sicherheit der persönlichen Arbeit mit einem Therapeuten. Sie können aber erste Erfahrungen auch in »Heimarbeit« machen.

Hier ist eine erste Liste guter Erlaubnisse für die neun Typen.

Für Nr. 1: »Du darfst ausruhen und genießen, auch wenn noch nicht alles getan ist. Du wirst geliebt, auch wenn du Fehler machst. Du hast Wünsche, Triebe, Gefühle und Bedürfnisse, und sie sind der Welt willkommen.«

Für Nr. 2: »Deine Bedürfnisse sind wichtig. Die Welt freut sich darauf. Du darfst sie spüren und ausdrücken. Du wirst geliebt, auch wenn du dich nicht ausschließlich um die Bedürfnisse der anderen kümmerst.«

Für Nr. 3: »Du darfst anhalten, zur Ruhe kommen und Gefühle haben. Du wirst für dich geliebt, unabhängig von deinem Erfolg. Vieles geht gut, auch wenn du dich nicht aktiv dafür einsetzt. Es wird für dich getan.«

Für Nr. 4: »Du wirst bereits in deinem Ursprung geliebt und gehörst dazu, auch wenn du nichts besonders bist. Es ist nichts falsch an dir. Du gehörst jetzt schon dazu.«

Für Nr. 5: »Du darfst deine Grenzen aktiv setzen und dir von der Welt holen, wonach du dich sehnst. Deine Wünsche nach Kontakt und Nähe mit anderen sind ihnen willkommen.«

Für Nr. 6: »Du darfst deine Angst spüren, ausdrücken und benennen. Sie wird dich nicht zerstören. Die Welt ist ein sicherer Platz für dich, und du bist sicher für uns.«

Für Nr. 7: »Du wirst geliebt, gesehen und gehalten, auch wenn du nicht lustig bist, sondern Angst und Schmerz empfindest.«

Für Nr. 8: »Du wirst geschützt, auch wenn du weich, hilfebedürftig und schwach bist. Du stehst nicht alleine, die Menschen sind da, um dich zu schützen.«

Für Nr. 9: »Du bist wichtig. du darfst dich spüren, wissen, was du fühlst und willst, und das in Beziehung ausdrücken. Wir bleiben bei dir, auch wenn du mal wütend bist.«

An ihrer Gänsehaut und Ihrem Widerstand können Sie die Wichtigkeit und Bedeutung der einzelnen Sätze für Sie ermessen. Sollten Sie beim Üben mit diesen Sätzen irgendwelche unangenehmen Wirkungen verspüren, ist ein therapeutischer Kontakt angezeigt.

Übung 11: Affirmationen gegen die Geisterbahn

Affirmationen sind Sätze, die ein Gegenstück gegen das eigene typische Selbstbild/Menschenbild/Weltbild bilden sollen. Für die Nr. 3 zum Beispiel, die fürchtet: »Wenn ich zum Stillstand komme, sterbe ich«, wäre ein guter Satz: »Ich kann anhalten, zur Ruhe kommen und werde dann wirklich lebendig.« Technisch betrachtet kann man sich diese Sätze, ähnlich wie die Erlaubnisse, immer wieder vorsagen (»steter Tropfen höhlt den Stein«). Man kann sie auch auf Zettel schreiben, die man an Plätze legt, wo man sie immer wieder sieht. Menschen, die Erfahrung mit Selbstsuggestionen in Trancezuständen haben, können sie in dieser Weise verwenden.

Viele kluge Menschen haben sich Gedanken über gute Affirmationen für die einzelnen Typen gemacht (zum Beispiel D. R. Riso). Hier jedoch kommt eine »Bastelanleitung«, mit der Sie eigene Affirmationen erarbeiten können (siehe auch Jürgen Gündel, Transaktionsanalyse).

Vervollständigen Sie zunächst zehnmal folgende Sätze:

Ich bin ein Mensch, der ______________________________
Andere Menschen sind ______________________________
Die Welt ist ein Platz, in dem ______________________________
Die einzige Form, zu überleben ist ______________________________

Unterstreichen Sie dann diejenigen Formulierungen, die Ihnen selbstschädlich, einschränkend und typisch erscheinen. Formulieren Sie nun das genaue Gegenteil davon, denn es geht darum, die alten Sichtweisen aufzulösen. Und dann verfahren Sie damit, wie man eben mit solchen Affirmationen verfährt: Sagen Sie die Affirmation zu sich, schreiben Sie sie auf Zettel, die Sie ins Portemonnaie legen oder an den Badezimmerspiegel stecken, wo Sie ihn immer wieder sehen. Am schönsten ist es vielleicht, eine Entspannungsübung zu machen und sich die Sätze dabei vorzusagen.

Übung 12: Die höheren Zustände wahrnehmen

Diese Übung ist ähnlich wie Übung 2. Nehmen Sie sich vor, eine der untenstehenden Fragen mindestens 30mal zu beantworten. Das Muster der Fragen ist folgendes:
»Wie würde dein Leben aussehen, wenn du verstehen würdest, dass ...(«und hier kommt dann die Formulierung für den höheren mentalen Zustand Ihres Typus). Am Beispiel von Typ Nr. 1: »Wie würde dein Leben aussehen, wenn du verstanden hättest, dass auch ohne dein Zutun und ohne deine Bewertung alles bereits perfekt ist, nach einem perfekten Plan abläuft?« oder für Nr. 4: »Wie würde dein Leben aussehen, wenn du bemerken würdest, dass du bereits gesehen wurdest, als du oder deine Gefühle noch ursprünglich waren?«

In Kurzfassung für die einzelnen Typen:

Wie würde dein Leben aussehen, wenn du verstehen würdest...

Nr. 1:... dass die Dinge bereits perfekt sind, ohne dein Zutun?

Nr. 2:... dass ein höherer Wille als deiner für die Erfüllung deiner Bedürfnisse sorgt?

Nr. 3:... dass du hoffen kannst, dass die Dinge des Lebens für dich getan werden?

Nr. 4:... dass du auch geliebt und gesehen wirst, wenn du in deinem Ursprung bist?

Nr. 5:... dass du schon alles Wissen hast, das du brauchst?

Nr. 6:... dass du dir, anderen Menschen und der Welt vertrauen kannst?

Nr. 7:... dass es schön werden kann, wenn du dich festlegst?

Nr. 8:... dass deine eigene Wahrheit ist, dass du manchmal schwach bist?

Nr. 9:... dass du bedingungslos geliebt und als wichtig angenommen bist?

(Übung nach einer Idee von David Daniels und Virginia Price, 1992)

DIE ARBEIT MIT DEN ZENTREN

Jeder Typus hat eines der Zentren Kopf/Herz/Bauch als besondere Stärke. Er überbetont es allerdings auch, weil er es zur Abwehr gegen die Ängste und Schmerzen der Welt verwendet. Die Folge davon ist, dass wir aus dem Gleichgewicht geraten. Es ist daher gut, an der Ausbalancierung der Zentren zu arbeiten, indem wir die schwächer ausgeprägten Zentren stärken.
An welchem Zentrum sollte ich arbeiten? Dazu gibt es einige unterschiedliche Vorstellungen. Eine oft geäußerte ist diese: »Stärke das Zentrum, das deinem Entspannungstyp entspricht.«. Als Nr. 5 ist mein

Sicherheits- oder Entspannungstyp die Nr. 8, ein Bauchtypus, also wäre die Entwicklung meines Bauchzentrums vorrangig. Bei den meisten Typen ergibt sich nach dieser Theorie eine Änderung des Zentrums:

Typ 1 wird in das Kopfzentrum geführt;
Typ 3 wird in das Kopfzentrum geführt;
Typ 4 wird in das Bauchzentrum geführt;
Typ 5 wird in das Bauchzentrum geführt;
Typ 6 wird in das Bauchzentrum geführt;
Typ 8 wird in das Herzzentrum geführt;
Typ 9 wird in das Herzzentrum geführt.

Nach dieser Theorie bleibt Typ Nr. 2 allerdings im Herzzentrum. Zweien profitieren innerhalb des Herzzentrums von einer Richtungsumkehr: weg von der Verwendung des Herzens zum Erspüren der Wünsche des Gegenübers, hin zum Wahrnehmen und Ausdrücken der eigenen Gefühle und Wünsche, wie Typ Nr. 4 es tut. Typ Nr. 7 bleibt im Kopfzentrum und profitiert ebenfalls von einer Richtungsumkehr: weg von außen (was gibt es Schönes zu tun) auf die eher selbstzentrierte, zurückgezogene, aber auch bewusster ängstliche Lebensweise der Nr. 5.

Welche Übungen helfen nun, die Zentren zu stärken? Die Weltreligionen und die Psychotherapien haben hierzu Beiträge geleistet.
Wenn ich mein Herzzentrum stärken will, so kann ich Praktiken), beginnen, die für das Herz erweiternd sind: Singen, Töne machen, Meditationen mit stimmlichem Ausdruck. Das christliche Gebet sieht eine hingabevolle Hinwendung nach außen vor. Im östlichen Kulturkreis gibt es die Praxis des hingebungsvollen Singens an den als göttlich verehrten Meister. Mag der Meister es nun in sich haben oder nicht, die Praxis des hingebungsvollen Ausdrucks wird Ihnen eine Menge Gutes tun. Im psychotherapeutischen Bereich sind Therapien hilf- reich, die stark den emotionalen Ausdruck fördern, wie zum Beispiel Primärtherapie nach Janov oder Daniel Casriels »New Identity Process/bonding Therapie«.
Eine allgemeine Erfahrung besagt, dass jeder Typus erst einmal diejenige Therapieform oder Meditationsform aufsucht, die seiner Persönlichkeit am vertrautesten ist, ihm aber daher auch am wenigsten bringt. Sollte er »versehentlich« bei einer Therapie- oder Meditationsform gelandet sein, die ihn typmäßig herausfordert, dann wird er sie in einer Weise verzerren, dass sie zu seiner Persönlichkeit passt: Fünfen lieben

Zen-Meditation zunächst, weil sie dabei gegen eine Wand starren und sich über allerlei Gedanken machen können. Das tun sie aber ohnehin den ganzen Tag, es ist angenehm und bringt ihnen nichts. Vieren suchen Meditationsformen auf, die viel emotionalen Ausdruck beinhalten. Auch hier: viel Vergnügen und wenig Gewinn. Im Idealfall wird ein Therapeut oder ein Meditationslehrer diese Verzerrung bemerken und ihr innerhalb der Methode entgegenwirken. Man kann allerdings schon bei der Vorauswahl weise sein und diejenige Form wählen, die einen typspezifisch am meisten weiterbringt.
Meditationen, die das Wiederholen von Wörtern oder Bildern in den Vordergrund stellen, sind Menschen hilfreich, die ihr Kopfzentrum stärken wollen. Hierzu zähle ich Mantra-Meditationen, in denen ein Wort immer wieder wiederholt wird, sowie Visualisierungsübungen, die bildliches Vorstellen von Objekten und Symbolen beinhalten. Im Bereich der Psychotherapie sind eher kognitiv orientierte Therapieformen anzuraten, die sich damit befassen, wie wir unsere Welten mit unseren Gedanken erschaffen und verändern.
Wenn Sie besonders Ihr Bauchzentrum stärken wollen, profitieren Sie von Meditationsformen, die den Bewegungsapparat mit einbeziehen, zum Beispiel auch von Kampfsportarten mit meditativem Element wie Aikido und Tai Chi. Psychotherapeutisch wird man Körpertherapieformen wählen, die den Erdungsaspekt in ihrer Arbeit in den Vordergrund stellen, wie bestimmte Formen von Bioenergetik.
Einen so genannten Vierten Weg beschreiten die Schüler Gurdjieffs, dessen Tänze und »movements« alle drei Zentren gleichzeitig anregen und dabei die Fähigkeit zur aufmerksamen Wahrnehmung schulen sollen.

Hier nun enden meine Möglichkeiten, Ihnen Übungen vorzustellen. Ab hier ist es Ihre Aufgabe, sich entsprechend den obigen Empfehlungen eine tägliche Übungspraxis auszuwählen, die Sie in Ihrer Entwicklung am meisten weiterbringt. Ich wünsche Ihnen dabei und bei ihrem weiteren Selbststudium mit dem Enneagramm eine gute, gehaltvolle und befriedigende Zeit, wo immer Sie sind.

Vielleicht sehen wir uns auf einem Rummelplatz wieder, innerhalb oder außerhalb der Geisterbahn.

ANHANG

INFORMATIONEN

Die im Buch geschilderte mündliche oder narrative Tradition des Enneagramms nach Helen Palmer und David Daniels wird in Deutschland u.a. vertreten durch:

EnneagrammWorks – Jürgen Gündel u. Partner

Adresse: S 6,25,
D-68161 Mannheim

Telefon: 0049 62114449

E-Mail: juergen.guendel@freenet.de
Internet: http://www.enneagrammportal.de

Wir führen Seminare in der mündlichen Tradition und Seminare zum vertiefenden Selbststudium auf Enneagrammbasis durch, unter anderem das »Enneagramm Professional Training« nach Helen Palmer und David Daniels.

Verein der EnneagrammlehrerInnen in der mündlichen Tradition nach Helen Palmer e. V. (EMT)

Dieser Verein kann Ihnen bei Ihren Fragen zum Enneagramm sowie bei der Suche von Selbststudiumsgruppen, interessierten Einzelpersonen und Enneagramm-Lehrern in Ihrer Nähe behilflich sein. Er kann auch Hilfe bei der Neugründung von Selbststudiumsgruppen auf Enneagrammbasis geben.

1. Vorsitzender: Bernhard Linner, Telefon 0049 6239995690

LITERATUR

Bennett, J. G.: Gurdjieff:
Ursprung und Hintergrund seiner Lehre; Basel, Sphinx 1989

Gallen, Maria-A.. u. Neidhardt, Hans:
Das Enneagramm unserer Beziehungen. Verwicklungen, Wechselwirkungen, Entwicklungen; Rowohlt Verlag 1994

Gündel, Jürgen:
Die Transaktionsanalyse; pal-Verlag 1991

Gurdjieff, G. I.:
Views from the real world; Arkana/Penguin 1973

Ichazo, Oscar:
Letters to the school; New York, Arica-Institute 1988

Jaxon-Bear, Eli:
Das spirituelle Enneagramm, Goldmann 2003

Keyes, Margaret:
Enneagramm und Partnerschaft. Ein Arbeitsbuch für Einzelne, Paaren und Gruppen; Claudius Verlag, München 1994

Lilly, John u. Hart, Joseph:
The Arica-Training in C. Tarts: Transpersonale Psychologie; Olten, Walter 1978

Naranjo, Claudio:
Erkenne Dich selbst im Enneagramm. Die 9 Typen der Persönlichkeit; Kösel Verlag, München, 1991

Palmer, Helen:
Das Enneagramm. Sich selbst und andere verstehen lernen; Knaur Verlag, München, 2000

Palmer, Helen:
Das Enneagramm in Liebe und Arbeit; Knaur Verlag, München, 2000

Palmer, Helen:
Das kleine Enneagramm, Knaur Verlag, München, 1998

Riso, Don, R.:
Die Weisheit des Enneagramms, Goldmann 2000

Rohr, Richard u. Ebert, Andreas:
Die 9 Gesichter der Seele; Claudius Verlag, München 1995

Stauss, Konrad:
Bonding Psychotherapie, Kösel 2006

Waldberg, Michael:
Gurdjieff: An approach to his ideas; Penguin-Arkana 1989

Bibliografische Information der Deutschen Bibliothek:
Die Deutsche Bibliothek verzeichnet diese Publikation in der Deutschen Nationalbibliografie; detaillierte bibliografische Daten sind im Internet unter http://dnb.ddb.de abrufbar.

Titelbild:
User "erdbeersüchtig" auf Photocase (http://www.photocase.de)

Covergestaltung, Formatierung, Vertriebsunterstützung:
Daniel Pfister (http://www.makesites.de)

Herstellung und Verlag: Books on Demand GmbH, Norderstedt
ISBN 978-3-8370-4423-2